Gerlind Belke * Martin Geck

Rumpelfax

Singen
Spielen
Üben
im
Grammatikunterricht

für deutsche und ausländische Kinder

Cornelsen

Inhaltsverzeichnis

Gemeinsam Deutsch lernen

Lieder, Verse, Spiele im Grammatikunterricht

Meine Sprache

Ich schreibe ein Gedicht.
Es ist auf Deutsch.
Hätte ich es vor 50 Jahren geschrieben,
hätte ich es auf Türkisch geschrieben.
Hätte ich es vor 200 Jahren geschrieben,
dann wäre es arabisch.
Hätte ich es vor 2000 Jahren geschrieben,
hätte ich es lateinisch geschrieben.
Vor 5000 Jahren hätte ich das Gedicht gesungen
in einer Sprache, die ich nicht kenne.

Hakan, Oğuz

Ein Wort des Musikers vorweg

Grammatikunterricht ist trocken – Singen macht Spaß. So empfinden vielfach nicht nur die Kinder, sondern auch die Lehrerinnen selbst. Aufgrund dieser praktischen Erfahrungen entstand unsere Idee: Versuchen wir die Berührungsängste abzubauen, indem wir Singen und Grammatik verbinden.

Erfolg kann sich dabei nur einstellen, wenn die bereitgestellten Unterrichtsmaterialien auch Lehrerinnen überzeugen, die selten in ihren Klassen singen oder es noch gar nicht versucht haben. In diesem Fall bedarf es keines großen Mutes. Weil die Texte, Weisen und Arrangements einen starken Aufforderungscharakter haben, werden die Kinder das Singen und Agieren sehr schnell selbst in die Hand nehmen.

● Die Lieder fordern zum Darstellen und Tanzen auf. Sie werden in originellen Einspielungen geboten und müssen deshalb nicht mühsam einstudiert werden. Es genügt vielmehr, die jeweilige Aufnahme vorzuspielen und abzuwarten, dass die Kinder sich zur Musik bewegen und die Aussage des Textes pantomimisch mitvollziehen. Die Melodie lernen sie auf diese Weise wie von selbst, manchmal rascher als die Lehrerin.

● Viele Lieder laden zu einem Sprechgesang ein – vor allem in den Abschnitten mit Wiederholungsstrukturen. Steigt man an diesen Stellen mit der eigenen Stimme in die Tonaufnahme ein, so besteht kein Zwang zu „schönem" Gesang; es genügt vielmehr, den Rhythmus richtig zu treffen. Das aber gelingt erfahrungsgemäß fast jedem Kind und jedem Erwachsenen.

● Weil zu vielen Liedern Playback-Strophen oder ganze Playbacks geboten werden, ist die Motivation groß, eigene Strophen zu dichten und zum Playback zu singen.

● Die Arrangements sind eingängig, verzichten jedoch auf jede Art von Kindertümlichkeit. Da sie den Lehrerinnen ebenso gefallen sollen wie den Kindern, orientieren sie sich am Sound guter Unterhaltungsmusik. Der Instrumentalpart ist überwiegend von professionellen Jazzmusikern eingespielt, die sich nicht ohne Vergnügen auf die Vorstellungswelt der Kinder eingelassen haben. Die Gesangspartien sind auf verschiedene Personen aufgeteilt, sodass sich die Kinder mit den einzelnen Liedern auch über charakteristische Stimmen identifizieren können.

● Lieder und Arrangements sind auf Integration hin konzipiert: Sie gestatten den Einstieg auf unterschiedlichem intellektuellen, sprachlichen und musikalischen Niveau. Die Kinder sind in gleicher Weise am Gesamtprozess „Lied" beteiligt, ob sie die ganze Melodie oder nur einen Kehrreim singen, die Handlung vollständig durchspielen oder nur eine Teilfunktion übernehmen. Wie in Alltagssituationen kleinere Kinder von größeren lernen, haben hier sprachschwächere die Möglichkeit, sich auf dem Weg über Gesang und Aktion allmählich mit grammatikalischen Sachverhalten zu beschäftigen.

● Oberstes Gebot beim Erfinden und Arrangieren der Lieder war die Vorstellung, dass vier Elemente zu einer Einheit verschmelzen müssten: die Darstellung der jeweils vorgestellten grammatikalischen Struktur, der Inhalt des Textes, die Metrik der Strophen und der Gestus der Melodie. Es galt nämlich, didaktische Kunstprodukte zu vermeiden, die die Kinder bald langweilig finden und ablehnen würden.

Ein Blick auf die Kinderkultur anderer Völker und Zeiten macht deutlich, wie Kinder durch Lieder lernen: Sie verbinden die Einsicht in regelhafte Strukturen mit der Erfahrung des pulsierenden Rhythmus, den sie mit dem Leben teilen; dabei ist die Musik die entscheidende Brücke zwischen Rationalität und Emotionalität. Spiel und Bewegung machen den Vorgang zu einer ganzheitlichen Erfahrung.

Unsere Intentionen lassen sich gut am „Zirkuslied" (Kapitel 7) verdeutlichen, das starke Verben in ihren Zeitformen vorstellt: *Zirkus Kunterbunt kommt in unsern Ort, jetzt geht's richtig rund: Späße, Spiele, Sport. Doch o Schreck, o Schreck! Der Clown ist weg!* heißt es da, und weiter: *Gestern hat er noch gesungen und er sang so wunderbar. Wer wird heute für uns singen, alle stehen ratlos da.* Und schließlich: *Doch juchhu, juchhu! Wir helfen uns im Nu!*

Die Strophen des Liedes sind so angelegt, dass das Zeitgefüge sinnlich erlebbar wird. Der Mittelteil, in dem jeweils Perfekt, Imperfekt und Futur eines Verbs vorgestellt werden, ist nämlich durch seine andersartige, in Moll stehende Melodie von den Außenteilen abgesetzt, sodass auch affektiv deutlich wird, dass hier die Gegenwart verlassen worden ist: Der Gesang des Clowns hat stattgefunden; als dieser sang, war es ein wunderbares Erlebnis; die Kinder zweifeln, ob jemals einer wieder so schön singen wird, und sind ein wenig traurig. Indem sie für den Clown einspringen und selbst einen lustigen Gesang anstimmen, sind sie wieder in der Gegenwart. In weiteren Strophen reiten die Kinder anstelle des Pferdes, das ausgerissen ist, und sie werfen für den abwesenden Jongleur. Dabei durchleben sie die Zeitstufen ihres Tuns unmittelbar.

Unsere Zivilisation entdeckt viele Formen alter Kinderkultur neu. Wo entsprechende Umschöpfungen mit Fantasie und ohne Prinzipienreiterei vorgenommen werden, tragen sie zu didaktischen Konzepten bei, die die Kinder vielleicht hier und da sagen lassen, dass der Grammatikunterricht ihnen Spaß macht.

Die Grammatik

Ein bekanntes Kinderlied von Fredrik Vahle beginnt so: „Kam **der Igel** zu der Katze: Bitte reich mir deine Tatze! Mit **dem Igel** tanz ich nicht. Ist mir viel zu stachelig." (Oder mit Akkusativ: „Denn **den** Igel mag ich nicht.")
Bereits Vorschulkinder sind in der Lage zu diesem Katzentanz eigene Strophen hinzuzudichten, indem sie den Igel durch andere mögliche Tänzer und Tänzerinnen ersetzen und ihnen ein passendes Adjektiv zuordnen. Dabei lernen sie die in den Texten enthaltenen sprachlichen Strukturen, so das Verhältnis von Nominativ und Dativ, wahlweise auch Akkusativ.
Tanzt **der** Löwe mit der Katze? Nein, der ist zu **brüllerig**!
Tanzt **die** Fliege mit der Katze? Nein, die ist zu **summerig**!
Tanzt **das** Nilpferd mit der Katze? Nein, das ist zu **tapsig**!
Beim variierenden Umgang mit diesem Lied unterscheiden die Kinder mit großer Selbstverständlichkeit *Substantive* und *Adjektive*, auch wenn sie diese noch nicht benennen können. Die neuen Wörter *summerig* und *brüllerig* stammen von Grundschulkindern. Kinder mit nichtdeutscher Muttersprache lernen darüber hinaus, dass sich die Begleiter in dem Text ändern, aus *die* wird im Dativ *der*, aus *der* und *das* wird im Dativ *dem*. Dieser Sachverhalt wird gelernt, indem die Kinder das Lied singen, eigene Strophen hinzudichten und aufschreiben.
Kinderlieder, Kinderverse, kindliche Sprachspiele hat es zu allen Zeiten und in allen Kulturen gegeben. Kinder begleiten ihre Hüpf- und Klatschspiele singend und rhythmisch sprechend, verteilen Spielrollen durch Abzählreime, dichten eigene, oft parodierende Strophen zu den in der Schule oder im Kindergarten gelernten Liedern. Sie nutzen ihre Sprache als Spielmaterial.
Dabei lernen sie die Sprache auf eine andere Weise kennen als beim kommunikativen, primär an den Inhalten orientierten Sprachgebrauch: Mit dem Text *Salat, Salat, jeden Monat Salat: Januar, Februar, März usw.*, der beim Seilchenspringen gesprochen wird, lernen sie z. B. die Monatsnamen. In der Alltagskommunikation begegnen dem Kind

die Monatsnamen immer nur einzeln. Spätestens mit dem Schulanfang will es wissen, wie sich der Januar zum Oktober verhält, und so lernt es hüpfend die richtige Reihenfolge (das Paradigma) der Monatsnamen und gibt sein Wissen an Spielkameraden weiter. Viele Kinderverse tradieren in ähnlicher Weise z. B. Wochentage oder Jahreszeiten und, wie der Katzentanz zeigt, sogar die Fälle.
Wir nutzen dieses Interesse der Kinder am Spiel mit der Sprache und bieten ihnen Texte an, mit denen sie spielen können, Texte, in denen grammatische Gesetzmäßigkeiten offen zutage treten. Die folgenden Unterrichtsideen und Unterrichtsmaterialien sollen den in den meisten Sprachbüchern vorherrschenden „integrativen Grammatikunterricht" bereichern und beleben. Während dieser in inhaltlich orientierte Unterrichtsreihen eingebettet ist, gehen wir von grammatischen Sachverhalten aus.
Unsere Materialien (Lieder, Verse, spielerische Übungen) sind so konzipiert, dass sie die Aufmerksamkeit der Kinder auf die in den Texten enthaltenen Sprach*strukturen* lenken. Die Texte fordern zum Spiel mit sprachlichen Elementen, Lauten, Wörtern, Satzbauplänen, Bedeutungen heraus und fördern damit gleichermaßen den Sprach*gebrauch* und die Sprach*reflexion*. Dabei ist es nicht erforderlich, dass die Kinder Regelwissen in Form von Merksätzen formulieren. Sie lernen die Regeln, indem sie die vorgegebenen sprachlichen Muster mit eigenen Inhalten füllen.

Für wen ist das Unterrichtsmaterial gedacht?

Die Unterrichtsideen setzen weder bei den Lehrerinnen noch bei den Kindern detaillierte Grammatikkenntnisse voraus. Das Material ist so aufbereitet, dass es im Musikunterricht und im Deutschunterricht gleichermaßen eingesetzt werden kann. Es wendet sich speziell an:
- Musiklehrerinnen, die sich für Sprache interessieren.
- Deutschlehrerinnen, die gern mit ihren Schulkindern singen.
- Grundschulklassen gerade auch mit ausländischen Kindern.
- Vorbereitungsklassen mit „Seiteneinsteigern".
Einige Lieder und Zusatztexte sind für Kinder geeignet, die noch keinerlei Deutschkenntnisse haben. Darauf wird in den Kommentaren jeweils hingewiesen.

Kinderlieder als Material für den Sprachunterricht

Das Kinderlied in seiner Doppelstruktur von Text und Melodie ist zweifellos die reizvollste und zudem effektivste Möglichkeit poetische Texte in multinationalen Grundschulklassen sprachdidaktisch zu nutzen, und zwar aus relativ nahe liegenden Gründen:
1. Es ist für deutsche und ausländische Kinder gleichermaßen sinnvoll, Liedtexte zu singen, sie zu analysieren und spielerisch zu verändern.
2. Die *pattern-drill*-Methoden Vorsprechen/Nachsprechen/Im-Chor-Sprechen, -Singen sind dem Texttyp

„Lied" angemessen. Die in den Liedern enthaltenen sprachlichen Strukturen prägen sich dem Gedächtnis der Kinder ein.

3. Reim und Rhythmus erzwingen eine exakte Reproduktion vorgegebener Sprachmuster und verhindern somit, dass Morpheme und Funktionswörter weggelassen werden, die für das Sprechen in Alltagssituationen nicht unbedingt erforderlich sind.

4. Die Reihung und Wiederholung von Textstrukturen im Kinderlied, die Erwartbarkeit bestimmter Inhalte erleichtern das Textverständnis für Kinder mit geringen Sprachkenntnissen.

5. Der parallele Satzbau in Liedstrophen ermöglicht das Einsetzen einzelner Wörte oder Satzglieder. So können anstelle einer langweiligen, aber aus Übungsgründen notwendigen *pattern*-Übung durch die Variation der vorgegebenen Satzmuster neue Strophen gedichtet werden. Dadurch werden grammatische Bausteine (Wortarten, Satzglieder) innerhalb des Kontextes geübt.

Deutsch als Muttersprache und Deutsch als Zweitsprache

Der gesamte Deutschunterricht, insbesondere der Grammatikunterricht, muss die veränderten Gegebenheiten einer häufig mehrsprachigen Lerngruppe berücksichtigen. Viele nichtdeutschsprachige Kinder müssen die Sprachstrukturen erst erwerben, die sie im Rahmen des deutschen Grammatikunterrichts „untersuchen" sollen. *Es gibt bisher noch keine Lehrmaterialien, die die Bedürfnisse der ausländischen Kinder in einem gemeinsamen Sprachunterricht berücksichtigen.* Unser Material ist erst ein Anfang, ein Versuch, Elemente aus der Tradition der Muttersprachendidaktik und der Fremdsprachendidaktik miteinander zu verbinden.

Gerade Kinder mit geringen Sprachkenntnissen zeigen uns den Weg, wie die den kindlichen Sprachspielen zugrunde liegenden Wiederholungsstrukturen als Ausdrucksmöglichkeit im Unterricht aufgegriffen werden können. Auf die Frage, wo es ihr besser gefalle, in Deutschland oder in Tunesien, gibt Olfa aus der dritten Klasse die geniale Antwort: *Ich hätte gern ein bisschen Dortmund mitten in Tunesien.*

Damit versucht sie zu formulieren, wie sie sich das Leben in zwei Gesellschaften vorstellt, und zwar in einer ästhetisch ansprechenden Form, die ihre Mitschüler zu ähnlichen Äußerungen anregt:

Ich hätte gern Frau Wöbse in Kytaya.
Ich hätte gern die italienische Sonne in Deutschland.
Ich hätte gern meine türkische Freundin am Nordmarkt.

Sabinas Text zur umgekehrten Notenfolge in Deutschland und in ihrem Herkunftsland wirkt – in gedruckter Form – fast wie konkrete Poesie:

ne 5 ist chir in Deutschland ist ne 1
ne 4 ist chir in Deutschland ist ne 2
ne 3 ist chir in Deutschland ist ne 3
ne 2 ist chir in Deutschland ist ne 4
ne 1 ist chir in Deutschland ist ne 5

Auch dieser Text wird von den anderen Kindern aufgegriffen und variiert.

Die Beispiele mögen genügen um zu zeigen, dass Wiederholungsstrukturen, weil sie latent poetisch sind, gerade auch von Kindern mit geringen Sprachkenntnissen kommunikativ genutzt werden. Die kindliche Urlust an der Wiederholung ist die Basis des natürlichen Spracherwerbs und die sollten wir auch und gerade im Grammatikunterricht nutzen. Der hier vorgestellte Ansatz des „Singens im Grammatikunterricht" kommt nicht nur den Bedürfnissen der Kinder mit Deutsch als Zweit- oder Fremdsprache entgegen, sondern kann durchaus auch den muttersprachlichen Grammatikunterricht einleuchtender begründen und attraktiver gestalten.

Zur Auswahl der grammatischen Schwerpunkte

Die wenigen in den muttersprachlichen Richtlinien geforderten grammatischen Grundbegriffe können ohne Schwierigkeiten mit dem vorliegenden Material erarbeitet werden (vgl. dazu die Unterrichtshilfen zu den einzelnen Kapiteln). Im Hinblick auf die Bedürfnisse der ausländischen Kinder gehen wir exemplarisch vor: Eine grammatische Progression nach dem pädagogischen Prinzip vom „Leichten" zum „Schweren", vom „Einfachen" zum „Komplexen" ist insofern schwierig, als die Kinder die Sprache, die sie lernen sollen, ja von Anfang an als Kommunikationsmittel benutzen müssen. Jede sprachliche Äußerung enthält eine Vielzahl von grammatischen Regeln, die die Kinder zum größten Teil von selbst lernen.

Durch unsere Lieder werden in erster Linie Techniken des Sprachlernens eingeführt, die auch beim außerschulischen Spracherwerb wirksam werden können bzw. schon wirksam sind, wie die oben zitierten Beispiele zeigen: das Wiederholen einer vorgegebenen Satzstruktur, die Variation dieser Vorgabe durch das Ersetzen einzelner Elemente (Substitution) oder durch einfache Umformulierungen (Transformation). Die Sprachvermittlung wird so strukturiert, dass die Kinder ihre Sprachverwendung bzw. ihren Sprachlernprozess bewusster mitvollziehen und damit vorantreiben können.

Wir beschränken uns auf wenige grammatische Schwerpunkte, die erfahrungsgemäß beim spontanen Zweitspracherwerb nicht ohne gezielte Hilfen erworben werden und die Lehrwerke für „Deutsch als Muttersprache" häufig gar nicht oder nur unzureichend berücksichtigen.

In Kapitel 1 wird in Verbindung mit dem für multinationale Klassen wichtigen Thema „Ländernamen, Nationalitäten" der zentrale methodische Ansatz eingeführt: Bildung eigener Liedstrophen durch Substitutionen einzelner Elemente im Originallied.

Kapitel 2 greift durch das Spiel mit „Wörterschlangen" ein für deutsche und ausländische Kinder gleichermaßen wichtiges Thema auf: die Wortbildung. Die Nominalflexion, d. h. die Deklination von Nomen + Begleiter + Adjektiv, wird schwerpunktmäßig in den Kapiteln 3 bis 6 geübt.

In den Kapiteln 7 und 8 geht es um die Verbkonjugation. In Kapitel 9 wird am Beispiel der trennbaren Verben die Verbklammer geübt. Kapitel 10 führt Satzbaupläne ein, speziell Sätze mit Dativ- und Akkusativobjekt.

Diese Anordnung der grammatischen Schwerpunkte legt eine gewisse Reihenfolge im Unterricht nahe: Es empfiehlt sich aus inhaltlichen und methodischen Gründen mit Kapitel 1 zu beginnen. Die Thematisierung der Satzbaupläne (Kapitel 10) setzt die Übung der Nominalflexion voraus. Die starken Verben (Kapitel 7) sollten geübt werden, bevor das Passiv (Kapitel 8) thematisiert wird. Aber es ist nicht erforderlich und auch nicht sinnvoll, die einzelnen Kapitel systematisch nacheinander „durchzunehmen". Vielmehr sollten die grammatischen Schwerpunkte dann aufgegriffen werden, wenn in den spontan formulierten schriftlichen Texten der Kinder bestimmte Fehler besonders häufig auftreten. Wenn man den Kindern dann beispielsweise Lieder und Arbeitsblätter zur Adjektivflexion anbietet, kann man bei der Korrektur freier Texte darauf verweisen. Da nicht damit zu rechnen ist, dass alle Kinder die angebotenen Sprachstrukturen sofort in ihre Spontansprache übernehmen, empfiehlt es sich die Lieder im Sinne eines Spiralcurriculums immer wieder aufzugreifen.

Die Bestandteile der Unterrichtsvorschläge

1. Die Lieder

Das Unterrichtsmaterial besteht im Kern aus 12 speziell für den Grammatikunterricht entwickelten Liedern – mit einem Tonträger, der möglichst allen Kindern zugänglich sein sollte, damit ihnen die Lieder „ins Ohr gehen". Die Lieder sollen in der oben beschriebenen Weise das Sprachkönnen der Kinder systematisieren. Sie werden grammatischen Schwerpunkten zugeordnet. Allerdings können häufig mehrere verschiedene grammatische Phänomene mit dem gleichen Lied thematisiert werden. Darauf wird in den grammatischen Erläuterungen durch Querverweise hingewiesen.

2. Erläuterungen zum Unterricht

Die Kommentare beginnen mit einer didaktischen Analyse des jeweiligen grammatischen Schwerpunkts aus der Sicht der Muttersprachendidaktik und der Zweitsprachendidaktik. Es folgen Hinweise zur sprachdidaktischen Nutzung der Lieder und Zusatztexte in unterschiedlichen Lernkontexten. Je nach der Zusammensetzung der Lerngruppe, dem Alter der Kinder, ihren Vorkenntnissen und Interessen können grammatische Regeln auf sehr unterschiedliche Art und Weise thematisiert werden. Grammatische Termini können, falls sie bekannt sind, genutzt bzw. mit den Liedern und Texten auch eingeführt werden; sie sind aber in den seltensten Fällen erforderlich. Insofern „kollidieren" die hier angebotenen Materialien nicht mit unterschiedlichen Vorgaben aus Sprachbüchern und Richtlinien.

3. Die Arbeitsblätter

Für weitere grammatische Übungen werden Arbeitsblätter angeboten. Es ist sehr wichtig, dass die Kinder die im Lied erlernten Strukturen auch schriftlich festigen. Neben der Produktion eigener Liedstrophen gibt es noch eine Reihe anderer sinnvoller Möglichkeiten im Zusammenhang mit dem „Singen im Grammatikunterricht" auch zu schreiben (vgl. dazu die Vorschläge zur projektorientierten Einbindung des Grammatikunterrichts). Auf einigen Arbeitsblättern werden zu den angegebenen grammatischen Schwerpunkten Zusatztexte angeboten, die eine vergleichbare grammatische Struktur enthalten. Damit soll der Transfer der im Lied erlernten Struktur in andere Kontexte erleichtert werden.

Zur projektorientierten Einbindung des Grammatikunterrichts

Die angebotenen Lieder, Verse, schriftlichen Übungen sind keine „Wegwerftexte", wie das sonst bei grammatischen Übungen der Fall ist. Jede grammatische Übung ist zugleich eine interessante Textproduktion: Durch den Austausch sprachlicher Elemente in Textvorgaben entstehen „eigene" Texte, die gesammelt werden können (in persönlichen Liederbüchern, Klassenzeitungen u. Ä. m.). Lieder und Verse können auswendig gelernt, zu Reihen zusammengestellt und „aufgeführt" werden. Durch solche Aktivitäten erhalten die Übungstexte für die Kinder eine Bedeutung auch außerhalb des Grammatikunterrichts. Einige gelangen möglicherweise sogar auf die Schulhöfe und bereichern das Sprachspielrepertoire der Kinder. Das hier präsentierte Material kann durch weitere Texte mit regelhaften Sprachstrukturen erweitert werden. Lesebuchtexte, Bilderbücher und darüber hinaus die neuere Kinderliteratur bieten ein reichhaltiges Angebot an poetischen Texten, die in der hier skizzierten Weise den Grammatikunterricht bereichern können.

Zur Entstehung und Erprobung des Unterrichtsmaterials

Das hier vorgestellte Konzept ist zusammen mit Studentinnen, Lehrerinnen und Grundschulkindern im Rahmen von Seminarveranstaltungen und Schulpraktika entwickelt worden, schwerpunktmäßig in einem gemeinsamen fächerübergreifenden Seminar „Singen im Grammatikunterricht" im Wintersemester 1992/93 an der Universität Dortmund. Wir danken allen Studentinnen, die zu diesem Seminar Liedideen beigesteuert haben. Die Lieder und Zusatztexte sind in mehreren Klassen erprobt worden: In einer multinationalen Klasse mit 80 % nichtdeutschsprachigen Kindern, in einer rein deutschen Grundschulklasse und in einer „Auffangklasse" mit Spätaussiedler- und Flüchtlingskindern, die z. T. noch gar kein Deutsch konnten.

Unser besonderer Dank gilt Frau Hildegard Weber, in deren „Auffangklasse" wir unsere Ideen erproben konnten, die sie dann als Musik- und Deutschlehrerin aufgegriffen und weiterentwickelt hat. Nicht zuletzt danken wir allen beteiligten Kindern, die nicht nur selbst spielend und singend Grammatik gelernt haben, sondern auch die beteiligten Studentinnen für „Grammatikunterricht" begeistern konnten.

Kapitel 1

Kinder aus aller Welt begrüßen sich
Ländernamen, Nationalitäten, Sprachen

Didaktische Analyse

Diese erste Unterrichtssequenz hat mehrere Ziele:

1. Sie soll zu Beginn eines gemeinsamen Sprachunterrichts in einer neu zusammengesetzten Lerngruppe eingesetzt werden: am Schuljahresanfang in einer multinationalen Regelklasse; im Förderunterricht, der von Kindern aus verschiedenen Klassen besucht wird; sowie in „Auffangklassen" oder „Vorbereitungsklassen", in denen häufig neue Kinder begrüßt und integriert werden müssen, die oft noch gar kein Deutsch verstehen. **Inhaltlich** geht es um das Begrüßen, Kennenlernen und um die Herkunft der Kinder. Diese Thematik ist für einen gemeinsamen Sprachunterricht für deutschsprachige und nichtdeutschsprachige Kinder besonders geeignet: Der Erwerb sprachlicher Strukturen kann gut mit der „Reflexion über Sprache" verknüpft werden. Warum heißen die Frauen in Deutschland nicht „Deutschinnen" wie die Türkinnen und die Kurdinnen? Wie begrüßt man sich in verschiedenen Sprachen? Was wünscht man sich? *Guten Tag* oder *Grüß Gott*?

2. Lehrenden und Lernenden sollen die in den folgenden Unterrichtsmaterialien benutzten **Methoden** des Sprachunterrichts in mehrsprachigen Lerngruppen nahe gebracht werden. Gerade auch Kindern, die wenig oder gar kein Deutsch können, soll das Erfolgserlebnis vermittelt werden, dass sie bestimmte Texte nicht nur verstehen, sondern sogar eigene, richtige Texte produzieren können, indem sie einzelne sprachliche Elemente durch andere ersetzen (Substitution) oder einen vorgegebenen Satz/Text nach einem bestimmten Muster variieren (Transformation).

3. Aus diesen inhaltlichen und methodischen Zielsetzungen ergeben sich die grammatischen Schwerpunkte:

3.1 Personalpronomen und das Hilfsverb *sein*:
Wir sind jetzt eine Klasse und sagen wer *wir sind*:
Ich bin der / die …
Und wer *bist du*?
Er ist der / *Sie ist* die …
Und wer *seid ihr*?

3.2 Die Ordinalzahlen im Femininum und Maskulinum:
Als *Erste* kommt *die* …
Als *Zweiter* kommt *der* …

3.3 Eher nebenbei lernen die Kinder mit dem Lied auch einige trennbare Verben, die in Kapitel 9 schwerpunktmäßig behandelt werden: „ … und *macht / singt / spricht / spielt* uns etwas *vor*."

3.4 Bezeichnungen für die Herkunftsländer und die Herkunftssprache der Kinder:
Obgleich Nationalitätenbezeichnungen in multinationalen Klassen von großem kommunikativem Interesse sind, werden sie beim spontanen Spracherwerb nur sehr langsam korrekt gelernt.
Dazu ein Beispiel: Ein in Deutschland geborenes und akzentfrei Deutsch sprechendes türkisches Kind aus einem 3. Schuljahr erzählt einen Witz, der mit dem folgenden Satz beginnt: „Es war einmal ein Portugiesischer, ein Spanischer und ne Türke." Mit der Verwendung der Adjektive *portugiesisch* und *spanisch* auch für die Bezeichnung der Person wird die Ausnahme *deutsch, die deutsche Sprache, ein Deutscher, eine Deutsche* (die Personenbezeichnung ist ein substantiviertes Adjektiv) auf andere Nationalitäten übertragen. Das System der Nationalitätenbezeichnungen ist – wie die Tabelle zeigt – wenig regelhaft und sollte deshalb möglichst früh eingeübt werden, bevor sich falsche Analogiebildungen einschleifen wie:
– *Portugiesischer* analog zu *Deutscher*
– *Deutschin* analog zu *Türkin, Kurdin*
– *Russländer* analog zu *Engländer*
– *Ich komme aus Türkei und lebe im Deutschland.* (Ein häufiger Fehler: die Türkei hat einen Artikel, Deutschland nicht.)

Land	Sprache	Frau	Mann
Deutschland	Deutsch	die/eine Deutsche	der Deutsche/ ein Deutscher
England	Englisch	Engländerin	Engländer
Portugal	Portugiesisch	Portugiesin	Portugiese
Russland	Russisch	Russin	Russe
die Türkei	Türkisch	Türkin	Türke

3.5 Nominalflexion (Begleiter, Adjektiv, Nomen im Nominativ, Dativ und Akkusativ):
Die Einführung verschiedener Begrüßungsformeln und -rituale in Verbindung mit den Nationalitätenbezeichnungen ermöglicht eine erste systematische und zudem kommunikativ sinnvolle Präsentation der Nominalflexion (vgl. dazu ausführlicher die Kap. 3, 4 und 6):
Wer begrüßt *wen*?
Wer gibt *wem* die Hand? (Vgl. dazu AB 1.)

Das Klassenlied

Das Lied bietet auch schon „Nullanfängern" die Möglichkeit eigene Strophen hinzuzudichten, indem sie die Namen der Mitschülerinnen einsetzen und sich etwas ausdenken, was sie „vormachen" können. Die Lehrerin sollte als Erste etwas zeigen, z. B. die Kinder spektakulär begrüßen, einen mitgebrachten Hut ziehen und sich vor der Klasse verbeugen; alle werden gebeten das „nachzumachen", und können sich dann weitere pantomimische Darbietungen ausdenken, z. B. weitere Begrüßungsrituale, auf einem Bein hüpfen, in die Hände klatschen, tanzen oder einen Zungenbrecher in der eigenen Muttersprache vorsprechen.

In der Liedeinspielung ist in der 9. Strophe ein geheimnisvoller Pfeifton zu hören. Wer ist das? Ein Kind aus der Klasse oder vielleicht **das** Rumpelfax, **das** uns alles nachmacht? Schon mit dem ersten Lied könnte so das Rumpelfax als Identifikationsfigur eingeführt werden. Das Rumpelfax ist ein gutmütiges Wesen, das immer alles verkehrt macht und von den Kindern korrigiert werden muss (vgl. dazu das Rumpelfax-Lied, S. 56 und die Arbeitsblätter 8, 15, 26). Mit dem Rumpelfax würde das Paradigma der Ordinalzahlen (vgl. 3.2) vervollständigt:

Als Letztes kommt das Rumpelfax und macht euch alles nach.
Ein Kind spielt Rumpelfax. Als Verkleidung reicht ein mit einer Kordel zusammengerafftes Betttuch.

Nachdem sich alle Kinder auf verschiedene Weise vorgestellt haben bzw. von ihren Mitschülerinnen vorgestellt worden sind, können Begrüßungsrituale aus verschiedenen Ländern aufgegriffen werden (vgl. dazu auch AB 1).

Im Sinne der *interkulturellen Erziehung* sollte man bei dieser Gelegenheit versuchen zumindest für die Begrüßung eine geregelte Mehrsprachigkeit zu verabreden: am Montag auf Türkisch, am Dienstag auf Italienisch usw.

Die deutschen Kinder können Begrüßungen im Deutschen sammeln. Was wünscht man sich:

- für verschiedene Tageszeiten (morgens, mittags, abends, vor dem Schlafengehen);
- für verschiedene Personen (Eltern, Lehrer, Freundinnen und Freunde usw.);
- zu verschiedenen Gelegenheiten (Weihnachten, Neujahr, Karneval, Ostern usw.).

Die Begrüßungen und Wünsche werden mit Filzstift auf eine große Tapetenrolle geschrieben und in der Klasse aufgehängt, damit jederzeit die richtige Begrüßung in der richtigen Sprache abgelesen werden kann.

Mit älteren Kindern kann man auch internationale Willkommensgrüße sammeln, wie sie vor Ortseingängen, auf Bahnhöfen oder Flugplätzen zu finden sind:

- Herzlich willkommen in unserer Stadt!
- It is a great pleasure, to welcome you in our town!
- Mahallemize yeni gelenleri selamlar „hoş geldiniz!" deriz. (Türkisch)
- Il nostro comune vi saluta cordialmente! (Italienisch)
- Nasze miasto powita was bardzu serdecznie! (Polnisch)

Die Arbeitsblätter

Arbeitsblatt 1 greift die mit dem Lied thematisierten Begrüßungsrituale auf und verbindet sie mit der Einführung der Ländernamen und der dazugehörigen Adjektive.
Die Kinder begrüßen sich gegenseitig oder – bei einer Aufführung (vgl. Seite 9) – die Zuschauer und demonstrieren dabei eine Begrüßungsform. Ein weiteres Kind spielt den „Ansager" oder „Reporter" und berichtet, wer wen begrüßt bzw. wer wem die Hand gibt.
Durch farbliche Kennzeichnungen der Endungen kann auf der Kopiervorlage deutlich gemacht werden, dass die Genus- und Kasusmarkierungen immer nur einmal vorkommen, entweder am Artikel oder am Adjektiv, z. B.:
de-**r** chinesische Junge, ein chinesisch-e**r** Junge.

Arbeitsblatt 2 ist die Vorlage zu einem Legespiel, mit dem sich die Kinder die Nationalitätenbezeichnungen einprägen können.

Die Geschichte von Rita Ratlos auf **Arbeitsblatt 3** ist ebenso wie das Lied eine Mitmachgeschichte. Die Sprachen und die Namen der Kinder müssen der jeweiligen Lerngruppe angepasst werden. Hierfür sind Lücken im Text vorgesehen, z. B. für „merhaba", „türkischen", „Türkisch" und für Namen aus der Lerngruppe.
Die Geschichte thematisiert die Sprachlehr- und -lernsituationen in multinationalen Klassen aus der Sicht der Lehrerin und der Kinder und soll das Selbstbewusstsein der mehrsprachigen Kinder stärken. Lehrerinnen sind im Grunde genauso hilflos wie die Kinder, wenn sie deren Sprache nicht beherrschen, und müssen sie als Experten in ihrer Muttersprache heranziehen. Sie helfen der Lehrerin beim Vorlesen, indem sie ihr verraten, was „Guten Tag", „Auf Wiedersehen", „Schule" in ihrer Muttersprache heißt.
Die Geschichte sollte zunächst vorgelesen und den Kindern erst danach zum Ausfüllen der Lücken und als Textvorlage für eigene Rollenspiele gegeben werden. Der Vortrag der Geschichte sollte pantomimisch begleitet werden, z. B.: Kindergarten, klein – Hand ganz tief halten; Grundschule, größer – Hand höher halten. Auch *setzen – aufstehen / aufzeigen – Finger nach unten strecken / Buch aufschlagen – Buch zumachen* usw. kann man vorführen, damit alle Kinder verstehen, worum es geht.

Lied und Geschichte als Aufführung

Die gesamte erste Unterrichtssequenz eignet sich besonders gut für eine Aufführung bei einem Elternabend, auf einem Schulfest, vor einer Parallelklasse. Man kann auch „Fernsehen" spielen und einen Videofilm drehen.

Die Kinder singen das Lied und stellen sich dabei mit kleinen pantomimischen Darbietungen vor. Dabei ist die Mehrsprachigkeit der Kinder eine willkommene Bereicherung des Programms. Das Publikum kann einbezogen werden, indem es Begrüßungsformeln, Zungenbrecher usw. in verschiedenen Sprachen nachspricht:

Ihr seid das Publikum
und macht / sprecht / singt uns alles nach!

Als eine Variante des Vorstellungsspiels kann auch der Text „Wo wohne ich in dieser großen Welt?" (Kap. 4, AB 3) herangezogen werden. Die Geschichte von Rita Ratlos kann ebenfalls in Szene gesetzt werden: Ein Kind spielt die Lehrerin und spricht – eventuell auch in einer Herkunftssprache, die die deutschen Kinder und viele Zuschauer nicht verstehen – mit der Klasse, die alles verkehrt macht. Man kann auch eine „Prüfung" in das Schulspiel einführen, in der z. B. Ländernamen und Nationalitäten, Zahlen, Begrüßungsformeln in verschiedenen Sprachen abgefragt werden. Die Wirkung der Darbietungen wird durch eine interkulturelle Kulisse sicherlich erhöht: Die Kinder können auf großen Papierbögen Fahnen der in der Klasse vertretenen Nationalitäten ausmalen, sich von Reisebüros Poster holen; viele Kinder besitzen auch Folklore-Kostüme, die sie für die Aufführung mitbringen können.

Das „öffentliche" Sprechen bei solch einer Aufführung ist für den Erst- und Zweitspracherwerb gleichermaßen wichtig: Es fördert das Selbstbewusstsein der Kinder, erfordert eine präzise Artikulation und damit ein bewussteres Sprachverhalten. Bei der Vorbereitung der Aufführung werden die Texte auf eine sinnvolle Weise geübt und dabei wie von selbst auswendig gelernt; mit den Texten lernen die Schüler die in ihnen enthaltenen grammatischen Strukturen.

Das Klassenlied

T und M: M. Geck

1. Wir sind jetzt ei - ne Klas - se und sa - gen, wer wir sind.

2. Ich bin die Emine,
   jetzt sag mir, wer bist du.

3. Ich bin der Michael,
   jetzt sag mir, wer bist du.

4. Ich bin die Eva,
   jetzt sag mir, wer bist du.

5. Wir gehen auf die Bühne
   und führen euch was vor.

6. Als Erster kommt der Peter
   und spricht euch etwas vor.

7. Als Zweite kommt die Oya
   und tanzt euch etwas vor.

8. Als Dritter kommt der Murat
   und singt euch etwas vor.

9. Als Letzte kommt die ... / Als Letzter kommt der ...
   und macht uns alles nach.

Euch fallen bestimmt noch viele eigene Strophen ein, die ihr singen und vorspielen könnt.

Wenn ihr euer eigenes Klassenlied vorsingt, könnt ihr euch auf verschiedene Weise begrüßen: Ihr könnt euch die Hand geben oder winken und „Hallo" sagen. Ihr kennt sicher noch andere Begrüßungsformen. Eskimos reiben sich zur Begrüßung die Nasen um sie sich zu wärmen.

Ein Kind spielt Ansager oder Reporter und sagt, wer wen begrüßt .
Macht euch dazu eine Liste. Achtet dabei auf die richtigen Begleiter und Endungen.
Hier ist ein Muster, nach dem ihr euch richten könnt:

Wer begrüßt wen?

> der / den   ein / einen

_____ aus Deutschland begrüßt _____ aus der Türkei.

Der deutsche Junge begrüßt **den türkischen** Jungen.

Ein deutscher Junge begrüßt **einen türkischen** Jungen.

> die / die   eine / eine

_____ aus Deutschland begrüßt _____ aus Polen.

Die deutsche Schülerin begrüßt **die** polnische Schülerin.

Eine deutsche Schülerin begrüßt **eine** polnische Schülerin.

> das / das   ein / ein

_____ aus _____ begrüßt _____ aus Italien.

Das _____ e Mädchen begrüßt **das** _____ e Mädchen.

Ein _____ es Mädchen begrüßt **ein** _____ es Mädchen.

> die (Mehrzahl)

Die _____ en Leute begrüßen **die** _____ en Leute.

Wer gibt wem die Hand?

Der _____ e Junge gibt dem _____ en Jungen die Hand.

Ein _____ er Junge gibt einem _____ en Jungen die Hand.

Die _____ e Schülerin gibt der _____ en Schülerin die Hand.

Eine _____ e Schülerin gibt einer _____ en Schülerin die Hand.

Das _____ e Mädchen gibt dem _____ en Mädchen die Hand.

Ein _____ es Mädchen gibt einem _____ en Mädchen die Hand.

Legespiel

Spielregeln

Klebt das Papier auf eine Pappe, schneidet der Reihe nach
die Umrisse der Länder aus und schreibt auf die Rückseite
- den Namen des Landes (z. B. die Türkei),
- den Namen der Bewohner (Frauen und Männer, Singular und Plural; z. B. die Türkin/der Türke, die Türkin-
  nen/die Türken),
- die Sprache (z. B. Türkisch).

Wenn das Land, aus dem ihr kommt, nicht abgebildet ist,
müsst ihr euch selbst eine Karte basteln.
Verteilt die Karten auf dem Tisch. Bevor ihr eine Karte auf-
deckt, müsst ihr die folgenden Fragen beantworten:

1. Wie heißt das Land?
2. Wie heißen die Frauen, die in dem Land leben?
3. Wie heißen die Männer, die in dem Land leben?
4. Wie heißt die Sprache, die in dem Land gesprochen
   wird?

Schaut auf die Rückseite der Karte und kontrolliert, ob die
Antworten richtig waren. Dann gehört die Karte dem „Ent-
decker" des Landes. Ihr könnt natürlich auch noch mehr
Regeln verabreden, z. B.:

5. Wie begrüßt man Leute in dem Land?
6. Wie zählt man von 1 bis 10 in der Sprache des ent-
   deckten Landes?

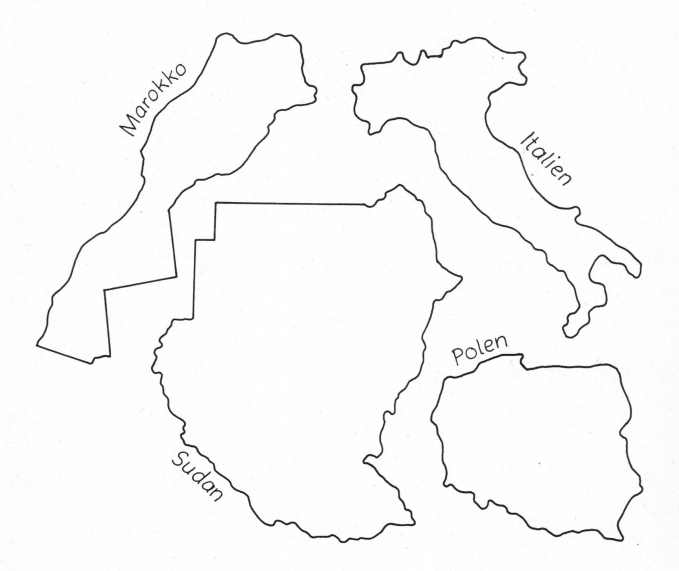

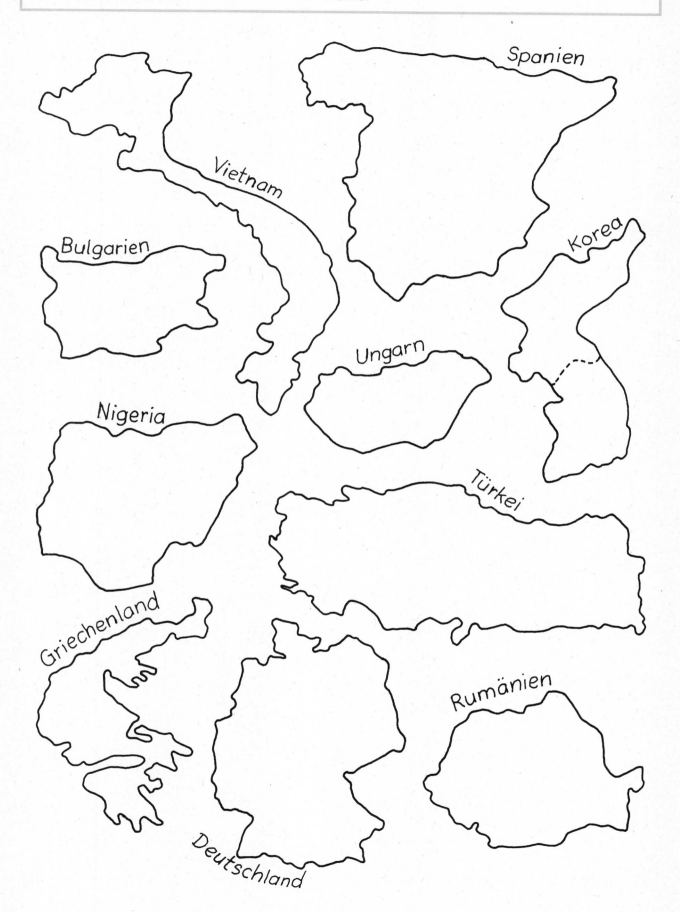

Die Geschichte von Rita Ratlos

Es war einmal eine Lehrerin, die hieß Rita Ratlos. Sie war in einen deutschen Kindergarten gegangen, dann in eine deutsche Grundschule, auf ein deutsches Gymnasium und zum Schluss auf eine deutsche Universität, um Lehrerin zu werden.

Eines Tages ging sie in eine Schulklasse um zu unterrichten.

Sie sagte: „Guten Tag." Aber die Kinder sagten nicht: „Guten Tag", sondern „_____".

Es waren Kinder, die in einen _____ Kindergarten gegangen waren, dann in eine _____ Schule. Sie sprachen nicht deutsch, sondern _____.

Wenn die Lehrerin sagte: „Setzt euch", standen sie auf.

Wenn die Lehrerin sagte: „Zeigt auf", steckten sie den Finger nach unten.

Wenn die Lehrerin sagte: „Macht das Buch auf", machten sie es zu.

Die Lehrerin war ganz traurig und ging wieder zur Universität: „Ich muss erst _____ lernen, sonst kann ich keine Lehrerin sein."

Aber der Professor konnte auch kein _____.

„Dann muss ich meine Klasse fragen", sagte die Lehrerin und ging in die Schule. _____ und _____ halfen ihr:

„Guten Tag" heißt auf _____ _____.

„Auf Wiedersehen" heißt auf _____ _____.

„Schule" heißt auf _____ _____.

So lernte Rita Ratlos _____ und die _____ Kinder lernten Deutsch.

Im nächsten Schuljahr kam die Lehre-
rin in eine neue Klasse. Sie sagte:
„ _____ ", aber die Kin-
der sagten nicht „_____ ";
einige Kinder sagten: „Guten Tag",
einige sagten: „Buenos dias!".
Ein Kind sagte: „Buon giorno", eine
Gruppe sagte: „Kali-mera."
Da wusste die Lehrerin nicht, welche
Sprache sie sprechen sollte und sprach
Deutsch.
Wenn sie sagte: „Schreibt", dann mal-
ten einige Kinder.
Wenn sie sagte: „Lauft", dann blieben
die meisten stehen.
Wenn sie sagte: „Erzählt eine Geschichte", dann blieben viele stumm.
Da war die Lehrerin wieder ganz traurig und ging zur Universität um sich
bei einem klugen Professor Rat zu holen. „Warum sind Sie so traurig?",
fragte der kluge Professor, und die Lehrerin antwortete: „Ich bin auf die deutsche Universität gegangen um Lehrerin
zu werden. Und dann habe ich von
_____ und _____
_____ gelernt. Aber
jetzt sind wieder andere Kinder in der
Klasse und die verstehe ich nicht und
die Kinder verstehen mich nicht.

Wenn ich sage: „Singt ein Lied", dann
essen sie einen Apfel. Wenn ich sage:
„Kommt in die Klasse", dann gehen sie
auf den Schulhof. Wenn ich sage: „Seid
ruhig", dann sprechen sie in einer Sprache, die ich nicht verstehe.
„Sprechen Sie Englisch", sagte der
kluge Professor, „das ist eine Sprache,
die man in der ganzen Welt versteht."
Die Lehrerin bedankte sich, ging wieder in die Schule und begrüßte ihre
Klasse:
„Good morning, boys and girls." Aber
die Kinder antworteten nicht.
„Sit down, please." Aber die Kinder
blieben stehen.
„Open your books." Aber da wurden
die deutschen Kinder wütend, weil sie
kein Englisch verstanden. Und da die
türkischen, portugiesischen und italienischen und _____ Kin-
der auch kein Englisch konnten, woll-
ten sie alle zusammen Deutsch lernen.

Kapitel 2

Wörterschlangen beißen nicht – Bandwurmwörter kriechen nicht

Didaktische Analyse

Die Möglichkeit aus einem einfachen Wort durch Ableitung und/oder Zusammensetzung neue Wörter zu bilden erlaubt es, unseren Wortschatz rasch und zweckmäßig allen situativen Anforderungen anzupassen. Sowohl die Sprachgemeinschaft als auch die einzelnen Sprecher nutzen die Möglichkeit aus dem vorhandenen Sprachmaterial neue Wörter zu bilden:

klar, klären, aufklären, Aufklärung, Aufklärungsflugzeug / erklären, erklärlich, unerklärlich, Unerklärlichkeit usw.

Im Deutschen wird die Möglichkeit der Wortzusammensetzung in Verbindung mit der Wortableitung besonders ausgiebig genutzt:

wohnen, Wohnung, Wohnungsbau, Wohnungsbauförderung, Wohnungsbauförderungsgesetz, Wohnungsbauförderungsgesetzesvorlage usw.

Das eine Wort *Wohnungsbauförderungsgesetzesvorlage* benennt in komprimierter Form einen komplexen Sachverhalt, den man sonst in einem oder mehreren Sätzen ausdrücken müsste:

Der Bau von Wohnungen soll gefördert werden. Zu diesem Zweck ist die Vorlage für ein Gesetz erarbeitet worden.

Alle Sprecher besitzen bzw. erwerben die Fähigkeit solche Wortbildungen zu verstehen und für die eigenen Ausdrucksbedürfnisse zu nutzen. Wenn ein Kind das Wort *Scheibenwischer* noch nicht gelernt hat, kann es spontan das Wort *Fensterfeger* bilden.

Bei der Bildung und beim Verständnis alter und neuer Wortzusammensetzungen werden intuitiv verschiedene syntaktische Beziehungen erfasst, z. B. *Kuhmilch* und *Milchkuh*: Das zweite Wortelement ist das „Grundwort", nach dem sich der Begleiter richtet, und das erste Element ist das „Bestimmungswort", das das Grundwort „bestimmt".

Gelddiebstahl und *Ladendiebstahl*: *Geld* wird als Objekt und *Laden* als adverbiale Bestimmung des Ortes interpretiert.

Blutprobe und *Weinprobe*: Das Element „probe" wird einmal mit dem Nomen *Probe* und einmal mit dem Verb *probieren* in Verbindung gebracht.

Obwohl die Wortbildung vorrangig in den Bereich der Wortlehre gehört, reicht sie, wie die Beispiele zeigen, auch in die Satzlehre. Das macht sie zu einem lohnenden Gegenstand des Sprachunterrichts, weil man mit der Wortbildung auch die Wortarten und Satzglieder bewusst machen kann. Indem die Kinder zum gleichen Stamm Ableitungen bilden, erkennen sie den Unterschied zwischen den Wortarten:

frei / die Freiheit / befreien / Befreiung
die Farbe / färben / Färbung / farbig
gehen / der Gang / gängig

Am Beispiel der überschaubaren Einheit „Wort" können syntaktische Beziehungen bewusst gemacht werden:
Jemand, der Briefe austrägt, ist ein Briefträger.
Ein Topf, in dem man Suppe kocht, ist ein Suppentopf.
Ein Spiel, bei dem man einen Ball braucht, ist ein Ballspiel.

In fremdsprachlichen Lehrbüchern wird die Wortbildung selten behandelt. Gerade für Kinder mit „Deutsch als Zweitsprache" ist es wichtig, dass sie sich elementare Regeln der Wortbildung bewusst machen. Das kommt der spontanen Erweiterung des Wortschatzes zugute und erleichtert das „Vokabellernen".

In den folgenden Unterrichtsvorschlägen geht es vorrangig um Wortzusammensetzungen, weil daran Wortbildungsmöglichkeiten am ehesten durchschaubar werden. Es empfiehlt sich – besonders in Klassen mit hohem Ausländeranteil – nicht mit dem Lied, sondern mit den Arbeitsblättern 4 und 5 zu beginnen, um die unterschiedliche Funktion von *Grundwort* und *Bestimmungswort* deutlich zu machen, bevor mit diesen Funktionen im „Bandwurmlied" gespielt wird.

Das Bandwurmlied

Schon der Liedtitel thematisiert verschiedene Wortbildungsmittel: Ein Bandwurmlied ist ein Lied, das so lang ist wie ein Bandwurm. Ein Bandwurm ist ein Wurm, der so lang ist wie ein Band. Das Lied besteht aus Wörterschlangen. Der Reiz des Liedes besteht darin, dass jeweils aus dem Grundwort einer Zusammensetzung durch „Doppelbesetzungen" das Bestimmungswort der nächsten Zusammensetzung wird: *Fischsuppe(n)topflappen* usw. Die auf diese Weise entstehenden Wörter werden in der Liedstrophe in einem Relativsatz definiert, der die syntaktischen Beziehungen zwischen Grund- und Bestimmungswort deutlich macht. Die anschließend zu sprechenden Bandwurmwörter werden im ersten Durchgang des Liedes vorgesungen. Im zweiten Durchgang müssen die Kinder die immer länger werdenden Wörter selbst singen. Die Bandwurmwörter ergeben wegen der o. g. „Doppelbesetzungen" zwar keinen Sinn. Aber gerade aufgrund der Tatsache, dass das gleiche Wort einmal als Grundwort und einmal als Bestimmungswort fungiert, erfassen die Schüler die unterschiedliche Funktion. Durch die Abweichung wird die Regel durchschaubar, und es macht den Kindern viel Spaß, Regel und Abweichung selbst zu erproben, wie die folgenden Wörterschlangen achtjähriger Schulkinder zeigen, die sie nach der Einführung des Bandwurmliedes spontan zu Papier gebracht haben:

Bäcker / Laden / Fenster / Bank / Räuber / Banden / Führer / Schein

Bett / Laken / Farben / Kasten / Wagen / Rad / Schlag / Sahne / Torten / Belag

Die Kinder waren in der Lage „doppelt" gebrauchte Wörter zu erkennen, z. B. 1. *Bank* als Grundwort in *Fensterbank*, das seinerseits wieder zum Grundwort für *Bäckerladen* wird, und 2. *Bank* mit der Bedeutung *Geldinstitut* als Bestimmungswort zu *Räuberbande*. Das Spiel mit der Abweichung ermöglicht die Einsicht in die Struktur komplexer Wortzusammensetzungen.

Die Arbeitsblätter

Arbeitsblatt 4: Die Geschichte ist insbesondere für Kinder mit geringen Sprachkenntnissen gedacht, ist aber auch für deutsche Schüler im 1. und 2. Schuljahr reizvoll. Aufgrund seiner rhythmischen Struktur kann der Text im Chor gesprochen werden. Eine Gruppe ist „Erzähler": *Am Montag kocht die Mutter ihr aus Erbsen eine Suppe* usw., die andere Gruppe oder einzelne Kinder sprechen die Klara: *Nein, nein, Erbsensuppe mag ich nicht mehr* usw.

Arbeitsblatt 5: Die mit der „Suppenklara" gelernten Sprachstrukturen werden in einer schriftlichen Übung gefestigt. Die Beispiele sind so gewählt, dass die Schüler die fett gedruckten Wörter nicht zu verändern brauchen.

Arbeitsblatt 6 enthält 24 Bildwörter (Substantive), aus denen man ein Legespiel basteln kann. Das Arbeitsblatt wird auf eine Pappe geklebt, dann werden die Bilder ausgeschnitten und verdeckt auf die Tischplatte gelegt. Wer zwei Wortkarten zu einem Wortpaar verbinden kann (mit dem richtigen Begleiter), darf das Wortpaar behalten. Aus den Bildern kann man die folgenden Zusammensetzungen bilden:

Fliege(n)-pilz	*Kinder-garten*
Fuß-ball	*Tisch-bein*
Hand-schuh	*Apfel-baum*
Haus-tür	*Bilder-buch*
Pudel-mütze	*Finger-hut*
Lampen-schirm	*Esel(s)-ohr*

Besonderheiten bei der Zusammenfügung (sogenannte „Fugenelemente", die die Aussprache des neuen Wortes erleichtern) wie in *Esel(s)ohr, Fliege(n)pilz* sollten dann thematisiert werden, wenn sie den Kindern bei ihren eigenen Wortbildungen auffallen. Natürlich sind auch andere Zusammensetzungen möglich: *Fußpilz, Hausschuhe, Gartenbaum, Bildschirm, Schirmmütze, Kinderhut* usw. Die Kinder werden schnell herausfinden, dass man im Deutschen fast alle Substantive zusammensetzen kann. Zur Spielregel gehört allerdings, dass man – wie im Bandwurmlied – das neue Wort auch definiert, z. B.: *Ein Kinderbaum ist ein Baum, den Kinder lieben, in dem man gut klettern kann.*

Auf **Arbeitsblatt 7** werden Wortzusammensetzung und Wortableitung miteinander verknüpft. Die „Seltsamen Berufe" beruhen darauf, dass die von Verben abgeleiteten Nomen auf *-er* sowohl Personen als auch Gegenstände bezeichnen können:

lehren – Lehrer, aber: *zeigen – Zeiger*
kaufen – Käufer, aber: *anzeigen – Anzeiger*

Durch die Umdefinition ändert sich das syntaktische Verhältnis von Grund- und Bestimmungswort.
Der Obstmesser:
Jemand, der Obst misst, ist ein Obstmesser.
Das Obstmesser:
Das Messer, mit dem man Obst schneidet, ist ein Obstmesser.

In dem Text **Aus dem Verhalten der Tiere** spielt Hans Manz mit richtigen und falschen Ableitungen.

Aus dem Verhalten der Tiere

Der Hamster hamstert
Der Mauersegler segelt
Die Wachtel wacht
Die Libelle bellt
Die Karausche rauscht
Die Krake krakelt
Der Rochen röchelt
Die Bremse bremst
Der Boxer boxt
Der Büffel büffelt
Das Känguruh ruht

Hans Manz

Richtig ist nur *Der Hamster hamstert.* Beim Mauersegler können wir uns noch vorstellen, dass er durch die Lüfte segelt, bei den dann folgenden Verben handelt es sich um zufällige lautliche Übereinstimmungen. Die Silbe *bell* aus *Libelle* wird in *bell-t* zum Verbstamm, ebenso die Silbe *ruh* aus dem *Känguruh* in *ruh-t*. Die *Autobremse bremst* natürlich, aber in einem Gedicht über Tiere erwarten wir das Insekt *Bremse*. Auch den *Boxer* stellen wir uns als Hund vor, nur passt dann leider das Verb nicht. Schüler *büffeln*, das Verb ist vom *Büffel* abgeleitet – aber der Büffel selbst büffelt nicht.

Das Bandwurmlied

T und M: Dortmunder Studenten
Bearbeitung: M. Geck

1. Fisch - sup - pe — Das ist 'ne Sup - pe, die man aus Fi - schen kocht, die ha - be ich noch nie ge - mocht!

1. Fischsuppe?
   Das ist 'ne Suppe, die man aus Fischen kocht, die habe ich noch nie gemocht!
   Fischsuppe

2. Suppentopf?
   Das ist ein Topf, in dem die Suppe brodelt, wenn man im Winter rodelt!
   Fischsuppentopf

3. Topfblume?
   Das ist 'ne Blume, die in dem Topf am Fenster steht und ihren Kopf zur Sonne dreht!
   Fischsuppentopfblume

4. Blumenmeer?
   Das ist ein Meer, in dem die Blumen sprießen, wenn wir sie immer gießen!
   Fischsuppentopfblumenmeer

5. Meerwasser?
   Das ist das Wasser, in dem man prima schwimmen kann und Haie sichtet dann und wann!
   Fischsuppentopfblumenmeerwasser

6. Wasserpolizei?
   Das ist die Polizei, die auf dem Wasser Runden dreht und schaut, dass keiner untergeht!
   Fischsuppentopfblumenmeerwasserpolizei

7. Polizeihund?
   Das ist ein Hund, der Räuber und Verbrecher jagt und dessen Nase nie versagt!
   Fischsuppentopfblumenmeerwasserpolizeihund

8. Hundehütte?
   Das ist 'ne Hütte, die dem Hund allein gehört und wo ihn nachts auch keiner stört!
   Fischsuppentopfblumenmeerwasserpolizeihundehütte

9. Hüttenschuh?
   Das ist ein Schuh, den man in der Hütte trägt und der bis an die Knöchel geht!
   Fischsuppentopfblumenmeerwasserpolizeihundehüttenschuh

10. Schuhband?
    Das ist ein Band um Schuhe fest zu binden und Berge zu erklimmen!
    Fischsuppentopfblumenmeerwasserpolizeihundehüttenschuhband

11. Bandwurm?
    Das ist ein Reim, der endlos weitergehen will, doch keine Angst, wir sind nun still!
    Fischsuppentopfblumenmeerwasserpolizeihundehüttenschuhbandwurm

Die Suppenklara

Klara ist ein Mädchen, das seinen eigenen Willen hat.
Sie will nicht essen, was ihre Mutter kocht.

Am Montag kocht die Mutter ihr aus Tomaten eine Suppe.
Aber Klara schreit: „Nein, nein, Tomatensuppe mag ich nicht mehr!
Bring mir was andres her!"

Am Dienstag kocht die Mutter ihr aus Bohnen eine Suppe.
Aber Klara schreit: „Nein, nein, _____ mag ich nicht mehr!
Bring mir was andres her!"

Am Mittwoch kocht die Mutter ihr aus Erbsen eine Suppe.
Aber Klara schreit: „Nein, nein, _____ mag ich nicht mehr!
Bring mir was andres her!"

Am Donnerstag kocht die Mutter ihr aus Pilzen eine Suppe.
Aber Klara schreit: „Nein, nein, _____ mag ich nicht mehr!
Bring mir was andres her!"

Am Freitag kocht die Mutter ihr aus Fisch eine Suppe.
Aber Klara schreit: „Nein, nein, _____ mag ich nicht mehr!
Bring mir was andres her!"

Am Samstag kocht die Mutter ihr aus Zwiebeln eine Suppe.
Aber Klara schreit: „Nein, nein, _____ mag ich nicht mehr!
Bring mir was andres her!"

Am Sonntag ist die Mutter sehr ärgerlich.
Sie kocht aus Kartoffeln einen Brei.
Und Klara schreit: „ _____ , _____ !
Bring mir mehr davon herbei!"

Fülle die Lücken aus.

Weißt du, was das ist?

Die Zeichnungen helfen dir.

1. Eine **Suppe** aus **Tomaten** ist eine _____ .

2. Ein **Bett** für **Kinder** ist ein _____ .

3. Ein **Ring** für den **Finger** ist ein _____ .

4. Eine **Kette** für den **Hals** ist eine _____ .

5. Ein **Kuchen** mit **Rosinen** ist ein _____ .

6. Ein **Brot** mit **Butter** ist ein _____ .

7. Eine **Flasche** mit **Milch** ist eine _____ .

8. Ein **Stuhl**, in dem ich **liege**, ist ein _____ .

9. Ein **Buch,** in dem ich in der Schule **lese**, ist ein _____ .

Legespiel

Schneide die Karten aus. Jetzt kannst du Wortpaare bilden und aufschreiben.
Beachte: Der Artikel richtet sich nach dem Grundwort.
Wer findet die meisten Wörter?

die Tür	die Hand	das Haus	der Pilz
die Fliege	der Schuh / die Schuhe	das Buch	der Esel
der Garten	das Ohr	die Mütze	das Bein
das Kind / die Kinder	der Fuß	der Pudel	das Bild / die Bilder
der Hut	der Tisch	der Apfel / die Äpfel	die Lampe
der Finger	der Schirm	der Baum	der Ball

Seltsame Berufe: Wer bin ich?

Eine kleine Hilfe beim Raten: Heißt es *der* Brotmesser oder *das* Brotmesser?

Hier noch ein paar komische Leute:

Ein Zitronenfalter ist jemand, der Zitronen faltet.

Ein Schraubenzieher ist jemand, der _____ .

Ein Uhrzeiger ist jemand, der _____ .

Ein Flugzeugträger ist jemand, der _____ .

Ein Wagenheber ist jemand, der _____ .

Ein Gewichtheber ist jemand, der _____ .

Welche Berufe haben *der Gabelstapler, der Lautsprecher, der Zahnstocher, der Untersetzer* ?
Kennt ihr noch mehr seltsame Berufe?

Kapitel 3

Verstecken, suchen, finden
An, auf, hinter, in, neben, über, unter, vor, zwischen

Didaktische Analyse

Bei einer „Schatzsuche", die Kinder einer multinationalen Klasse von einer Zettelbotschaft zur nächsten schickt, bis sie endlich auf den versprochenen „Schatz" stoßen, sind Äußerungen zu hören wie *Zettel Tisch* oder *Zettel Schrank unter* oder *Zettel auf Regal* oder *Zettel in die Schublade.* Präpositionen werden im Verlauf des Zweitsprachenerwerbs zunächst einfach weggelassen und durch Zeigegesten ersetzt; dann werden sie bisweilen zu Postpositionen – insbesondere bei Kindern, in deren Herkunftssprachen Postpositionen überwiegen (z. B. im Türkischen; auch im Deutschen gibt es welche: *den Berg hinauf und hinunter, die Straße entlang*). Schließlich steht die Präposition an der richtigen Stelle, aber der Artikel fehlt und damit die Kasusangabe: *auf dem Regal (wo?)* oder *auf das Regal (wohin?).* *Zettel in die Schublade* ist nur dann korrekt, wenn die Schatzsucher sich darüber Gedanken machen, *wohin* die Lehrerin den nächsten Zettel wohl gelegt haben könnte. Wenn sie wissen wollen, wo er liegt, müsste es heißen *in der Schublade.*

Der Erwerb der Präpositionen ist aus verschiedenen Gründen schwierig, insbesondere für Kinder mit Deutsch als Zweitsprache:

1. Präpositionen können nicht einfach von der einen in die andere Sprache übersetzt werden *(I am interested in – ich habe Interesse an);* ihre Bedeutung kann nur aus dem Kontext erschlossen werden. Der deutsche Name „Verhältniswort" drückt aus, dass Präpositionen verschiedene Bedeutungsverhältnisse anzeigen: Ort und Raum *(auf, unter dem Tisch),* Richtung *(in das Haus, unter den Tisch),* Zeitpunkt und Zeitdauer *(um drei Uhr, am Sonntag, nach zwei Jahren),* Art und Weise, Begleitumstände *(mit Liebe, bei diesem Wetter, ohne Anstrengung),* Grund, Ursache, Zweck *(wegen der Zeitknappheit, aus diesem Grund, mit gutem Gewissen, trotz der Widerstände).*

2. Mit den Präpositionen muss man die Fälle lernen, die sie regieren:
- Präpositionen mit dem Dativ: *mit, nach, nebst, samt, bei, seit, von, zu, entgegen, gegenüber, außer, aus*
- Präpositionen mit dem Dativ (auf die Frage *wo?*) oder dem Akkusativ (auf die Frage *wohin?*): *an, auf, hinter, neben, in, über, unter, vor, zwischen*
- Präpositionen mit dem Genitiv: *abseits, anlässlich, anstatt, anstelle, aufgrund, jenseits, oberhalb, unterhalb, unweit, während, wegen* u.a.

3. Präpositionen haben eine wichtige Funktion im Satz: Sie verbinden die Nominalglieder (Nomen und Pronomen) untereinander *(im Garten, hinter ihm, vor Sonnenaufgang)* sowie Nominalglieder mit Verben *(wir hoffen auf gutes Wetter, er denkt an sie).*

Aufgrund dieser Schwierigkeiten sollten Präpositionen möglichst oft in verschiedenen Situationen geübt werden (vgl. dazu Kap. 4 / AB 14, Kap. 5 / AB 15, Kap. 7 / AB 21). In den folgenden Materialien werden als Einstieg in die schwierige Materie schwerpunktmäßig die in der Überschrift genannten Präpositionen mit lokaler Bedeutung angeboten, weil sie durch Zeigegesten und durch Versteckspiele auch mit Nullanfängern leicht erarbeitet werden können.

Die Lieder

Für die Präpositionen stehen zwei Lieder zur Verfügung, die zu verschiedenen Zeitpunkten eingeführt werden können, d. h. möglichst dann, wenn sich bei der Besprechung von Fehlern in schriftlichen Texten herausstellt, dass es bei den Präpositionen und den dazugehörigen Nominalgruppen Unsicherheiten gibt.

Das Lied **Ich finde meinen Bleistift nicht** bringt eine alltägliche, allen Kindern vertraute Situation zur Sprache. Die Frage „Wo ist er (der Bleistift) nur geblieben?" erfordert den Dativ. Das Lied lässt sich leichter singen, wenn man im Rhythmus des Liedes die Präpositionen durch Zeigegesten eingängiger macht (Hände jeweils *auf, vor, unter, neben dem Tisch*).

Weitere Strophen können gebildet werden, indem man das Nomen *Tisch* durch andere Nomen ersetzt. Dadurch wird der Dativ in verschiedenen Genera geübt:

das Sofa / auf dem Sofa
die Tür / vor der Tür

Auf dem Tonträger ist ein Playback für die selbst gemachten Strophen vorgesehen. Ist das Lied erst einmal eingeführt, so kann man zu verschiedenen Zeitpunkten die Aufmerksamkeit der Kinder auch auf andere grammatische Schwerpunkte lenken, indem man sie zu diesen Schwerpunkten eigene Strophen bilden lässt, z. B.

- die Nominalflexion im Akkusativ in Verbindung mit den dazugehörigen Personalpronomen im Nominativ und Akkusativ: *meinen Bleistift / er / ihn; mein Motorrad/ es / es; meine Puppe / sie / sie; meine Hefte / sie / sie* und
- die Possessivpronomen in Verbindung mit den Personalpronomen: *Ich* finde *meinen ... / Du* findest *deinen ... / Er* findet *seinen ...* usw. (vgl. dazu Kap. 5).

In dem Lied **Murro möchte Auto fahren** werden ebenfalls die lokalen Präpositionen *vor, hinter, unter, auf, neben* zunächst mit dem dazugehörigen Fragewort im Dativ eingeführt *(Wo ist denn die Tür?)*. In der zweiten Strophe wird die Opposition Dativ – Akkusativ eingeführt. *Er steht neben dem Auto. Er steigt in das Auto.* Diese Opposition wird dann in den Arbeitsblättern 8 – 10 weiter geübt und gefestigt. Auch dieses Lied sollte mit Zeigegesten begleitet werden, damit sich die Bedeutung der Präpositionen und damit auch der Liedtext leichter einprägen: Die gekrümmte linke Hand ist das Auto, der Daumen die Tür, die man auf- und zumachen kann; mit der rechten Hand wird der Esel Murro dargestellt: Zeigefinger und Mittelfinger sind Murros Ohren, die jeweils *vor, hinter …* dem Auto auftauchen.

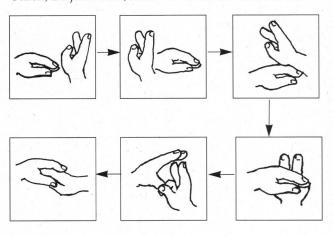

Die Arbeitsblätter

Bevor die Arbeitsblätter verteilt werden, kann durch ein kleines Spiel die Opposition Dativ–Akkusativ akustisch „ins Ohr gehen". Dazu verstecken Kinder sich an verschiedenen Orten. Die anderen bilden dann Reime nach folgendem Muster:

Ene, mene, muri!
Wo ist Nuri?
Ene, mene, mank!
Hinter dem Schrank.

Ene, mene, muri!
Wohin geht Nuri?
Ene, mene, mank!
Hinter den Schrank.

Ene, mene, mandra!
Wo sitzt denn heut die Sandra?
Ene, mene, meva,
neben der Eva!

Ene, mene, morian!
Wohin ging denn der Florian?
Ene, mene, mafel,
unter die Tafel!

Arbeitsblatt 8 stellt die lokalen Präpositionen in optisch leicht fassbarer Weise dar und übt sie in einem neuen Kontext. Das Fabelwesen Rumpelfax macht die grammatische Übung etwas poetischer. Die Suche nach dem Rumpelfax kann von den Kindern nachgespielt werden.

Arbeitsblatt 9: Der Text kann zunächst mit verteilten Rollen gelesen werden. Wenn die Kinder den Text mit verteilten Rollen lesen, werden sie feststellen, dass die Verkäuferin die Ortsbestimmung jeweils im Akkusativ liest; der Detektiv, der die Aussage der Verkäuferin mit der Lupe überprüft, benutzt die gleiche Ortsbestimmung im Dativ. Aufgrund dieser Einsicht sind die Kinder in der Lage **Arbeitsblatt 10** zu bearbeiten, auf dem – wie beim Dialog zwischen Verkäuferin und Detektiv – die Aufmerksamkeit auf die Handlung *(Wohin fliegt der Vogel?)* und das Ergebnis *(Wo sitzt der Vogel jetzt?)* gelenkt wird. Nachdem der grammatische Sachverhalt auf diese Weise auch schriftlich geübt worden ist, kann „Der Käsedieb" als Rollenspiel aufgeführt werden. Dazu bringt man am besten einen Stoffvogel mit. In Partnerarbeit oder im Sitzkreis einigen sich die Kinder darüber, wo der Vogel in dem geplanten Spiel hinfliegen soll. Als Gedächtnisstütze können die Kinder Zeichnungen anfertigen (Käseattrappe, Käsetheke, Regal usw.). Die Orte sollten über den Klassenraum verteilt werden, damit Bewegung ins Spiel kommt. Eine Lupe für Mick Flatterton ist motivierend und lenkt die Aufmerksamkeit auf das Ergebnis der Handlung *(… er saß also auf dem Käse).* Die Rolle des Mick Flatterton kann auch von Nullanfängern übernommen werden, wenn man den zweiten Satz seiner Äußerung nicht variiert, sondern mit unterschiedlicher Stimmlage immer nur den Satz *Das ist ja sehr interessant* sprechen lässt.

Arbeitsblatt 11 enthält eine Auswahl von häufig vorkommenden Redewendungen mit festen Präpositionen. Beim spontanen (Zweit-)Spracherwerb werden auch diese Präpositionen zunächst einfach weggelassen oder durch falsche ersetzt: *Er hofft gute Note, Sie denkt Spiele, Amira ist wütend an die Jungen.* Die Kinder erhalten die Möglichkeit ihre eigenen Empfindungen und Bewertungen auszudrücken. Dabei üben sie die vorgegebenen Satzstrukturen. Die eigenen Sätze sollten laut vorgetragen werden, damit sich die richtige Präposition mit dem dazugehörigen Kasus einprägt.

Das Suchlied

T und M: A. Berkemeier

1. Ich fin - de mei - nen Blei - stift nicht. Wo ist er nur ge - blie - ben? Ich blie - ben? Ich su - che auf / un - ter dem Tisch. Ich su - che ü - ber - all! Ich kann ihn nir - gends se - hen.

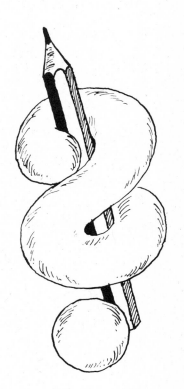

1. Ich finde meinen Bleistift nicht. Wo ist er nur geblieben?
   Ich suche auf dem Tisch.
   Ich suche unter dem Tisch.
   Ich suche vor dem Tisch.
   Ich suche hinter dem Tisch.
   Ich suche neben dem Tisch.
   Ich suche überall! Ich kann ihn nirgends sehen.

2. Ich finde meine Tasche nicht. Wo ist sie nur geblieben?
   Ich suche auf (unter/vor/hinter/neben) der Bank.
   Ich suche überall! Ich kann sie nirgends sehen.

3. Ich finde mein Musikheft nicht. Wo ist es nur geblieben?
   Ich suche auf (unter/vor/hinter/neben/in) dem Schrank.
   Ich suche überall! Ich kann es nirgends sehen.

4. Ich finde meine Hefte nicht. Wo sind sie nur geblieben?
   Ich suche auf (unter/vor/hinter/neben) dem Pult.
   Ich suche überall! Ich kann sie nirgends sehen.

Das Murro-Lied

T und M: M. Geck nach Berkemeier 1991

Refrain

1. Mur - ro möch - te Au - to fah - ren. Wo ist denn die Tür?
2. Mur - ro möch - te Au - to fah - ren. Wo ist denn die Tür?
3. Mur - ro möch - te Au - to fahr'n. Wo ist das Steu - er - rad?

Mur - ro möch - te Au - to fah - ren. Wo ist denn die Tür?
Mur - ro möch - te Au - to fah - ren. Wo ist denn die Tür?
Mur - ro möch - te Au - to fahr'n. Wo ist das Steu - er - rad?

Vers

1. Er steht vor dem Au - to. Er steht hin - ter dem
2. Er steht ne - ben dem Au - to. Er steigt in das ____
3. Er sucht hin - ter dem Sitz. ____ Er sucht neben dem ____

Au - to. Er steht auf __ dem Au - to. Er liegt un - ter dem Au - to.
Au - to. Er sitzt in __ dem Au - to und will los - fah - ren.
Sitz. ____ Er sucht un - ter dem Sitz ____ und er fin - det es nicht.

Schlussrefrain

Mur - ro denkt sich, Au - to fah - ren, das ist ziem - lich leicht,

a - ber Mur - ro kann das nicht, denn: ____ Es ist viel zu schwer!

Wo steckt das Rumpelfax denn jetzt schon wieder?

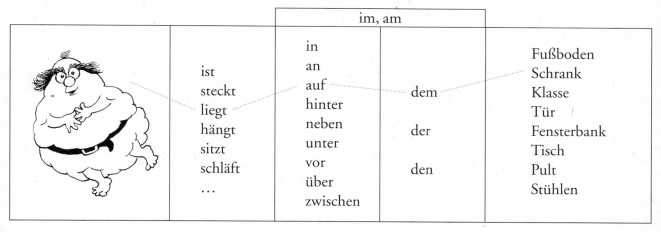

		im, am		
	ist	in		Fußboden
	steckt	an		Schrank
	liegt	auf	dem	Klasse
	hängt	hinter		Tür
	sitzt	neben	der	Fensterbank
	schläft	unter		Tisch
	…	vor	den	Pult
		über		Stühlen
		zwischen		

Verbinde mit unterschiedlichen Buntstiftfarben. Schreibe die gefundenen Sätze in dein Heft:
Der Bleistift liegt auf dem Schrank.

Achte auf den richtigen Begleiter:
der Tisch – unter **dem** Tisch   **die** Klasse – in **der** Klasse
das Pult – auf **dem** Pult   **die** Stühle – zwischen **den** Stühlen

Rumpelfax ist verschwunden. Verschiedene Hinweiszettel liegen in der Klasse. Wohin hat es die Zettel gelegt?

in	die	Kiste	in	die	Hefte
an		Schrank	an		Bücher
auf		Tornister	auf		Farbkästen
hinter		Bücherregal	hinter		Teller
neben	den	Fensterbank	neben	den	Atlas
unter		Blumentopf	unter		Blöcke
vor		Bild	vor		Vasen
über	das	Tafel	über	das	Poster
zwischen		Stuhl	zwischen		Mappen

Verbinde. Schreibe die Sätze in dein Heft:
Rumpelfax hat den ersten Zettel in den Schrank neben die Teller gelegt.

Achte darauf:
Bei der Frage „Wohin?" ändern sich die Begleiter nur bei **der**-Wörtern: **der** Schrank – in **den** Schrank.
Bei den **die**- und **das**-Wörtern ändert sich nichts: **die** Vase – in **die** Vase, **das** Poster – hinter **das** Poster.

Der Käsedieb

Der Kaufhausdetektiv Mick Flatterton hat schon viele spannende Dinge erlebt. Einmal musste er einen Käsediebstahl untersuchen.
Zunächst befragte er die Verkäuferin:

Mick Flatterton: Haben Sie etwas Verdächtiges gesehen?

VERKÄUFERIN: Und ob! Jeden Tag stehe ich hier in der Käseabteilung und bediene die Leute. Dabei entgeht mir nichts.
Sie werden es nicht glauben, aber vorhin höre ich auf einmal ein Flattern, und da kommt doch so ein komischer Vogel angeflogen, setzt sich <u>auf den Käse</u> und fängt an zu picken.

Mick Flatterton: Aha, er saß also <u>auf dem Käse</u>.
Das ist ja sehr interessant!

VERKÄUFERIN: Ich bin natürlich sofort hingelaufen. Da ist er <u>unter das Regal</u> geflogen.

Mick Flatterton: Aha, er saß also <u>unter dem Regal</u>. Das ist ja hochinteressant!

VERKÄUFERIN: Als ich ihn fangen wollte, hat er sich <u>hinter die Käsetheke</u> verkrochen.

Mick Flatterton: Aha, er saß also <u>hinter der Käsetheke</u>. Das ist ja sehr verdächtig!

VERKÄUFERIN: Danach hat er sich in der Spielwarenabteilung <u>neben eine Puppe</u> gesetzt.

Mick Flatterton: Aha, er saß also <u>neben einer Puppe</u>. Komischer Vogel!

VERKÄUFERIN: Kaum hatte ich ihn dort gefunden, flog er mir wieder davon und setzte sich <u>vor die Ausgangstür</u>.

Mick Flatterton: Aha, er saß also vor der Ausgangstür. Klarer Fall von Fluchtversuch!

VERKÄUFERIN: Ja, und dort stand zufällig dieser Karton. Und da hat er sich <u>in den Karton</u> hineingesetzt.

Mick Flatterton: Aha, er saß also <u>in dem Karton</u> hier. Das ist ja ein schwieriger Fall!

VERKÄUFERIN: Ich wollte den Karton gerade zumachen und den Vogel fangen, da öffnete ein Kunde die Tür, und der erschrockene Vogel flog davon.

Mick Flatterton: Aha, er ist also <u>durch diese Tür</u> hier nach draußen geflogen.
Das ist aber sehr ärgerlich!

VERKÄUFERIN: Ja, und nun ist er weg!

Da Mick Flatterton den Vogel leider nicht „verhaften" konnte, sah er sich den Käse noch einmal genauer an. Und was entdeckte er da? Die Bissspuren stammten nicht von einem Vogelschnabel, sondern <u>in dem Käse</u> waren Spuren von menschlichen Zähnen! Wer hatte da wohl Hunger gehabt und <u>in den Käse</u> gebissen?

Spielidee:
Spielt Detektiv und Verkäuferin und denkt euch einen eigenen Schluss aus. Überlegt vorher: Was braucht der Detektiv? Wo soll die Käseabteilung sein? Wo steht der Karton?

Als der Vogel im Laden herumflog, konnte die Verkäuferin ihn nicht immer gleich entdecken.

Könnt ihr sehen, wo der Vogel hingeflogen ist und der Verkäuferin einen Tipp geben?

<u>Wohin</u> ist dieser blöde Vogel denn jetzt schon wieder geflogen? <u>Wo</u> hat er sich versteckt? <u>Wo</u> ist er bloß geblieben?

Er ist _____ geflogen.

Siehst du, er sitzt doch _____.

Er ist _____ geflogen.

Siehst du, er sitzt doch _____.

Er ist _____ geflogen.

Siehst du, er sitzt doch _____.

Er ist _____ geflogen.

Siehst du, er sitzt doch _____.

Rettung in letzter Not

Bausteine:
auf den Käse / auf dem Käse
hinter den Käse / hinter dem Käse
unter das Regal / unter dem Regal
hinter die Käsetheke / hinter der Käsetheke

Welches Wort passt? Und wie ist das bei dir?

① Eylem **freut sich** _____ den Regen, Paul **ärgert sich** _____ den Regen,
weil ihr Garten Wasser braucht. weil er Fußball spielen will.

Und du? Ich _____

② Thomas ist glücklich _____ eine Drei in Amira ist traurig _____ eine Drei in Mathe.
Mathe. Er meint, das sei eine gute Note. Sie meint, das sei eine schlechte Note.

Und du? Ich _____

③ Christian ist zufrieden _____ der neuen Claudia ist unzufrieden _____ dem neuen
Lehrerin, weil der Unterricht so spannend ist. Lehrer, weil er so viele Hausaufgaben aufgibt.

Und du? Ich _____

④ Marcia bedankt sich _____ das Geschenk. Inge ist enttäuscht _____ das Geschenk.

Und du? Ich _____

⑤ Olfa schwärmt _____ Filmschauspieler. Sabina interessiert sich nicht _____
Filmschauspieler.

Und du? Ich _____

⑥ Philipp hat keine Angst _____ der Dunkelheit. Markus fürchtet sich _____ der Dunkelheit.

Und du? Ich _____

Setze ein: über (5), mit (2), für (3), vor (2)

Bilde eigene Sätze mit:

*sich aufregen über, sich streiten um, überrascht sein über, sich Sorgen machen um,
wütend sein auf, sich beschäftigen mit, sich interessieren für, staunen über,
enttäuscht sein über, denken an, glauben an, Spaß haben an*

Schreibe die Sätze in dein Heft.

Kapitel 4

Für alle Fälle Fälle!

Didaktische Analyse

Deklinationsfehler sind die häufigsten Grammatikfehler nicht nur der ausländischen, sondern auch der deutschen Kinder. Das liegt zum einen daran, dass Nominalgruppen (Nomen, Nomenbegleiter, Adjektive) und deren Stellvertreter, die Pronomen, den Großteil des Satzes ausmachen (Subjekt, Objekte, adverbiale Bestimmungen). Zum anderen kommt es zu Fehlern, weil das Deklinationssystem sehr unübersichtlich ist, wie die folgende Tabelle zur Deklination des bestimmten und unbestimmten Artikels deutlich macht. Die gleichen Begleiter können verschiedene Funktionen haben (vgl. *die, der, den, ein*). In jeder Form sind drei grammatische Kategorien enthalten: Genus (m/f/n) – Numerus (Sg./Pl.) – Kasus (Nom./Akk./Dat./Gen.).

Bestimmter Artikel				
Singular				Plural
	m	f	n	m/f/n
Nom.	der	die	das	die
Akk.	den	die	das	die
Dat.	dem	der	dem	den
Gen.	des	der	des	der

Unbestimmter Artikel					
Singular				Plural negativ	
	m	f	n	m/f/n	m/f/n
Nom.	ein	eine	ein	–	keine
Akk.	einen	eine	ein	–	keine
Dat.	einem	einer	einem	–	keinen
Gen.	eines	einer	eines	–	keiner

Die Elemente dieses Deklinationssystems können sinnvoll nur in Relation zu den anderen Elementen und nicht isoliert gelernt werden: der Nominativ in Opposition zum Dativ oder Akkusativ, das Maskulinum in Opposition zum Femininum oder Neutrum, der bestimmte Artikel in Opposition zum unbestimmten Artikel, der Singular in Opposition zum Plural. Dabei ist zu beachten, dass dem unbestimmten Artikel im Singular der sog. „Nullartikel" im Plural entspricht, vgl. *ein Haus / Häuser.*

Unsicherheiten in der Nominalflexion zeigen sich beim Schreiben, insbesondere bei den Endungen auf *-m/-n*, die in der gesprochenen Sprache nicht hinreichend unterschieden werden. Dialektbedingte Probleme gibt es bei der Unterscheidung von Dativ und Akkusativ.

Es gibt durchaus Möglichkeiten das Flexionssystem *systematisch* und dabei kindgemäß einzuführen. Dazu sind Reihentexte besonders geeignet, weil in ihnen die gleichen Nomen in verschiedenen Fällen vorkommen.
Der Typus des Reihenliedes und Reihenverses ist den Kindern meist aus ihrer eigenen Spielkultur vertraut. Reihentexte bieten sich zur „Aufführung" bei Schulfesten und Elternabenden an. Alle Kinder können mitspielen, wenn man die Zahl der Akteure der jeweiligen Klassengröße anpasst. Bei unseren Unterrichtsversuchen haben wir beobachtet, dass die Kinder die eingeführten Texte sogar in ihre Pausenspiele übernahmen.

Das Lied vom Jockel

Dieses zwar etwas altertümliche, aber bei Kindern nach wie vor sehr beliebte Lied eignet sich zur Einführung und Übung der Opposition Nominativ – Akkusativ – Dativ. Die Akteure des Liedes werden zunächst als Objekte im Akkusativ *(den Jockel)* eingeführt, dann durch das Pronomen ersetzt *(er)*, in der 3. Zeile sind sie das neue Subjekt *(der Jockel)*. In jeder neuen Strophe müssen die bereits bekannten Akteure wiederholt werden. Das erhöht den Übungseffekt, zumal der Reiz beim Singen des Jockelliedes gerade in der Beherrschung der immer länger werdenden Strophe liegt. Die Handlungen der einzelnen Akteure können beim Singen durch Gesten unterstützt werden, die sich die Kinder selbst ausdenken können. Hier ein paar Vorschläge:
1. **den Jockel ausschicken:** Arm ausstrecken und auf einen imaginären Jockel zeigen
2. **den Hafer schneiden:** mit einer gedachten Sichel (rechte Hand) den gedachten Hafer schneiden
3. **den Jockel beißen:** Hände wie bei einem Krokodil auf- und zuklappen
4. **den Pudel prügeln:** mit einer Hand eine schlagende Bewegung im Takt ausführen
5. **den Prügel brennen:** mit beiden Händen und bewegten Fingern das lodernde Feuer aufsteigen lassen (vom Becken die Hände zum Kopf bewegen)
6. **das Feuer löschen:** die Hände fassen einen imaginären Eimer und schütten einen Wasserschwall ins Feuer
7. **das Wasser saufen:** aus einem imaginären Eimer trinken

8. **den Ochsen schlachten:** mit einem gedachten Messer in der Faust von oben nach unten in die Luft stechen

9. **den Metzger holen:** lockende Bewegung mit dem Zeigefinger wie die Hexe bei „Hänsel und Gretel"

10. **der Teufel holt den Metzger:** stapfende Schritte machen

Bei der Verabredung der Bewegungen können die unbekannten Wörter erläutert werden. Durch eine regelhafte Sprachverwendung wird der Unterschied zwischen Subjekt und Objekt bewusst:

Was macht *der* Herr? Er schickt *den* Jockel aus!

Was soll *der* Jockel machen? Er soll *den* Hafer schneiden!

usw.

Die Arbeitsblätter

Beim Vorspielen des Tonträgers sollte die letzte Strophe zunächst weggelassen werden, da die Kinder diese Strophe auf Arbeitsblatt 12 selbst produzieren. Dabei üben sie die Opposition Nominativ – Akkusativ bei Maskulina und Neutra. Nebenbei prägen sich die Kinder durch das Schreiben einige Verbformen mit Präsensumlaut ein *(schlagen / schlägt, saufen / säuft)*. Anhand des Tonträgers können sie dann überprüfen, ob sie das Jockellied richtig zu Ende gebracht haben. Danach wird der Dativ der im Nominativ und Akkusativ bereits bekannten Nomen eingeführt. Über die Frage, warum der Jockel den Hafer nicht schneiden wollte, sollte man die Schüler ein wenig spekulieren lassen. Möglicherweise kommen sie von selbst darauf, dass man Angst hat, wenn man einen Auftrag nicht erledigt hat, noch dazu, wenn einem ein bissiger Pudel nachgeschickt wird. Die Dativsätze können im Chor gesprochen werden, bevor die Kinder sie aufschreiben. Damit der Dativ nicht nur „angstbesetzt" ist, kann als zweite Dativvariante eine „Unsinnsvariante" mit dem Verb „helfen" angeboten werden, die die Jockelkatastrophe hätte verhindern können:

Wenn der Herr dem Jockel beim Haferschneiden geholfen hätte, was wäre dann passiert? **Wer** *hilft* **wem**? *Der Herr hilft* **dem** *Jockel. Der Jockel hilft … Wie geht es weiter?*

Ob die Kinder wohl herausbekommen, dass der Jockel dem Pudel beim Beißen nicht helfen sollte? Hier eine friedliche Lösung: Der Herr und der Jockel waren schnell fertig mit dem Haferschneiden, dann sind sie mit dem Pudel spazieren gegangen.

Auf **Arbeitsblatt 13** produzieren die Kinder zunächst einen eigenen Text. Da im Original-Jockellied nur Maskulina und Neutra vorkommen, sind für diese Vorlage viele Feminina gewählt worden. Bei den Tätigkeiten kommen mehrere Verben vor, die im Präsens Singular einen Umlaut haben: *stechen / sticht, fangen / fängt, stehlen / stiehlt*. Die Kinder können das Lied in Stichworten auf das Arbeitsblatt schreiben oder das ganze neue Lied mit allen Wiederholungen aufschreiben, zum Play-back singen und in ihre Liedersammlung übernehmen. Das ist zwar eine ganze Menge Arbeit, aber nach unseren Erfahrungen eine sehr beliebte Form der Textproduktion. Zu grammatischen Übungszwecken reicht auch die letzte Strophe. Die Dativsätze können wieder im Chor gesprochen werden, damit sich die femininen Dativformen der Übungen einprägen.

Auf der Grundlage des Jockelmusters können die Kinder im Rückgriff auf eigene Erfahrungen auch freie Texte schreiben: Viele Kinder haben sicher schon mal eine eigene Jockelgeschichte erlebt: *Einmal hat mich meine Mutter zum Bäcker geschickt. Ich sollte Brot holen. Unterwegs traf ich … da hat meine Mutter meinen Bruder losgeschickt* usw.

Arbeitsblatt 14: „Die Puppe in der Puppe" ist ein beliebtes Kinderspielzeug schon im Vorschulalter. Die Vorstellung, dass im Größeren immer etwas Kleineres steckt und in diesem Kleineren etwas noch Kleineres, bestimmt die Struktur vieler Kindertexte. Der Texttyp enthält meist die Opposition Nominativ, unbestimmter Artikel – Dativ, bestimmter Artikel. Der Text „Sankt Johannes hat ein Schloss" ist einigen Kindern vielleicht bekannt. Nach diesem Muster können sie eigene Varianten schreiben. Die „Zaubervariante" ist besonders attraktiv und wird deshalb als Lückentext präsentiert. Bei „Nullanfängern" sollte man zur Einführung dieses Texttyps mit der „Zaubervariante" beginnen um durch die Vorführung das Verständnis zu sichern. Wenn man mit „magischer" Stimme spricht, wollen auch die Kinder Zauberer sein. Dafür muss der Zauberkoffer wieder eingepackt werden (Einführung des Akkusativs). Der Text kann auch gut im Chor gesprochen werden, leise und „magisch", das erhöht die Konzentration. Für das „eigene Gedicht" wird zunächst ein ganz persönlicher Vorschlag gemacht: Jedes Kind kann sich mit dem Text „Wo wohne ich in dieser großen Welt" vorstellen. Die übrigen Vorschläge dienen als Differenzierungsangebot. In Klassen mit hohem Ausländeranteil ist es ratsam, die Nomen im Nominativ (mit unbestimmten Artikel) und im Dativ (mit bestimmtem Artikel) vorzugeben: *eine Kiste / in der Kiste – ein Brief / in dem Brief* usw.

Das Lied vom Jockel

T: volkstümlich
M: M. Geck

1. Der Herr, der schickt den Jo-ckel aus, Ju - Ja Jo-ckel aus, der Herr, der schickt den Jo-ckel aus, er soll den Ha-fer schnei - den. Der Jo-ckel schneidet den Ha-fer nicht und kommt und kommt und kommt auch nicht nach Hau - se.

2. Da schickt der Herr den Pudel aus,
Pi-Pa Pudel aus,
er soll den Jockel beißen.
Der Pudel beißt den Jockel nicht,
der Jockel schneidet den Hafer nicht
und kommt auch nicht nach Hause.

3. Da schickt der Herr den Prügel aus,
Pri-Pra Prügel aus,
er soll den Pudel prügeln.
Der Prügel prügelt den Pudel nicht,
der Pudel beißt den Jockel nicht
und kommt auch nicht nach Hause.

4. Da schickt der Herr das Feuer aus,
Fi-Fa Feuer aus,
es soll den Prügel brennen.
Das Feuer brennt den Prügel nicht ...

5. Da schickt der Herr das Wasser aus,
Wi-Wa Wasser aus,
es soll das Feuer löschen.
Das Wasser löscht das Feuer nicht ...

6. Da schickt der Herr den Ochsen aus,
I-A Ochsen aus,
er soll das Wasser saufen.
Der Ochse säuft das Wasser nicht ...

7. Da schickt der Herr den Metzger aus,
Mi-Ma Metzger aus,
er soll den Ochsen schlachten.
Der Metzger schlachtet den Ochsen nicht ...

8. Da schickt der Herr den Teufel aus,
Ti-Ta Teufel aus,
er soll den Metzger holen.
Der Teufel holt den Metzger nun,
der Metzger schlachtet ...
und kommt dann auch nach Hause.

Und wie geht das Jockellied zu Ende?

(Hier die letzte Strophe zum Selbermachen)

...

Da schickt der Herr den Teufel aus, er soll den Metzger holen.

Der   Teufel   holt   den   _____   nun,

_____ Metzger   schlachtet   den   _____   nun,

_____ Ochse   _____   das   _____   nun,

_____ Wasser   _____   _____ _____   nun,

_____ Feuer   _____   _____ _____   nun,

_____ Prügel   _____   _____ _____   nun,

_____ Pudel   _____   _____ _____   nun,

_____ Jockel   _____   _____ _____   nun

und kommt dann auch nach Hause.

Warum hat der Jockel den Hafer nicht geschnitten und
warum ist er auch nicht nach Hause gekommen?
Vielleicht hatte er keine Lust den Hafer ganz allein zu schneiden,
und als der Pudel ihn beißen wollte, ist er weggerannt, weil er Angst vor ihm hatte.

<u>Wer</u> hat Angst vor <u>wem</u>?

Der Jockel hat Angst vor dem Pudel.

Der Pudel hat Angst vor _____ .

_____

_____

_____

_____

Schreibe weiter.

Das Lied von der Hexe

Die Hexe schickt die Katze los,
sie soll den Besen holen.
Die Katze holt den Besen nicht
und kommt auch nicht nach Hause.

Da schickt die Hexe den Dackel los,
er soll die Katze beißen.
Der Dackel beißt …

Diese Wörter brauchst du um ein Hexenlied zu dichten:

Wen ?

die Biene	—	stechen
den Imker	—	fangen
das Monster	—	erschrecken
die Diebin	—	stehlen
den Detektiv	—	finden

Wer ?

die Biene	—	sticht
der Imker	—	fängt
das Monster	—	erschreckt
die Diebin	—	stiehlt
der Detektiv	—	findet

Schreibe das Lied in dein Heft. Kannst du es auch singen?

Warum hat die Katze den Besen nicht geholt?
Vor wem hatte sie Angst?

Wer hat Angst vor **wem?**

Die Katze hat Angst vor dem Dackel.

Der Dackel …

Wie geht es weiter? Schreibe in dein Heft.

Und wenn die Hexe der Katze geholfen hätte den Besen zu holen?

Wer hilft **wem?**

Die Hexe hilft der Katze.

Die Katze …

Wie geht es weiter?

„Die Puppe in der Puppe"

Sankt Johannes hat ein Schloss,
in dem Schloss ist ein Garten,
in dem Garten ist ein Baum,
in dem Baum ist ein Loch,
in dem Loch ist ein Ei,
in dem Ei ist ein Dotter,
in dem Dotter ist ein Has,
der springt heraus und dir auf die Nas!

Wer von euch kennt diesen Kindertext? Ihr könnt ihn leicht auswendig lernen.

Zauberspruch

Ich habe einen Zauberkoffer.

In _____ Koffer ist eine Schachtel,   in _____ Schachtel ist ein Zylinderhut,

in _____ Zylinderhut ist ein Tuch,   in _____ Tuch ist eine Dose,

in _____ Dose ist ein Buch,   in _____ Buch ist ein Geschichte,

in _____ Geschichte ist ein Wort, das ich euch nicht verrate.

Wir packen _____ Zauberkoffer wieder ein. Wir packen _____ Wort in die Geschichte,

_____ Geschichte in das Buch, _____ Buch in die Dose,

_____ Dose in das Tuch, _____ Tuch in den Zylinderhut,

_____ Zylinderhut in die Schachtel, _____ Schachtel in den Zauberkoffer.

Füllt die Lücken aus und spielt Zauberer. Dabei müsst ihr ganz geheimnisvoll sprechen – aber auch ganz deutlich. Sonst funktioniert das Zaubern nicht.

Kennt ihr das Spielzeug „Puppe in der Puppe"? Genauso sind beide Texte gemacht.
Jetzt kann jeder von euch ein eigenes Gedicht schreiben:

1. Wo wohne ich in dieser Welt?

   Das ist die große Welt. In dieser großen Welt gibt es viele Länder. Ein Land ist Russland. (Italien, Spanien ...), in dem Land gibt es ...

   Wie geht es weiter? Hilfswörter: die Stadt (das Dorf), die Straße, das Haus, das Zimmer.

Hier sind noch mehr Wörter für eigene Gedichte:

2. der Anzug, die Brieftasche, der Briefumschlag, der Brief, die Nachricht, die Überraschung

3. das Haus, das Zimmer, der Schrank, die Schublade, das Kästchen,

   das Heft, das ich schon immer gesucht habe

4. *Krimi - Gedicht*   Hier sind die Wörter durcheinander gekommen. Also: Erst ordnen, dann schreiben.

   die Aktentasche, der Kofferraum, das Wasser, die Garage, das Auto, die Wasserpistole

Kapitel 5

Mein – dein – sein – ihr – unser – euer – ihr
und andere Pronomen

Das grammatische Problem

Murat erzählt den folgenden Witz:
Ich kann ein Witz von Onkel Fritz. Fritzchen hatte als Hausaufgaben Wörter. Gehter nach Hause. **Ihrer** Mutter ist böse, sagt Fritzchen: „Sag mir ein Wort, Mama." „Hau ab!" Geht er zu **seinen** Vater. Sein Vater liest Comic-Buch und sagt er: „Vater, gib mir ein Wort!" „Superman, Superman!" Und dann geht er zu **seinen** Bruder. **Ihre** Bruder … **sein** Bruder telefoniert **ihre** Liebling. Sagt er: „Ich hol dich ab, Baby!", und er schreibt das auf. Und dann geht er zu **ihre** kleine Schwester und sagt er: „Sag mir ein Wort, Conni-lein", und dann sagt **ihre** Schwester: „Geh doch, komm nich wieder! Geh doch, komm nich wieder!" Und dann geht er zur Schule und da sagt **ihre** Lehrerin: „Fritzchen, jetzt bist du dran!" „Hau ab!" – Er hat das ja geschrieben – „Hau ab!", sagt er und dann sagt **ihre** Lehrerin: „Fritzchen, ich geh Herr Direktor!" „Superman, Superman!" „Fritzchen, jezt geh ich aber wirklich zu Herr Direktor!" „Ich hol dich ab, Baby!" „Jetzt geh ich aber zum Herr Direktor!" „Geh doch, komm nich wieder! Geh doch, komm nich wieder!"

Murats kommunikative Fähigkeiten sind zweifellos auch in seiner Zweitsprache Deutsch gut entwickelt. Probleme hat er mit den Possessivpronomen *sein* und *ihr*, die er systematisch falsch gebraucht, d. h. nicht regellos, sondern aufgrund einer unzutreffenden Regel: Seine Possessivpronomen richten sich nach dem Sexus des Besitztums und nicht nach dem Genus des Besitzers:

– *ihre(r) Mutter*, statt: *er – seine Mutter*
– *sein Vater* ist richtig, weil das Genus von Besitzer und Besitztum identisch ist
– *ihre Liebling*, statt: *er – sein* (es heißt zwar *der Liebling*, da es sich jedoch um einen weiblichen Liebling handelt, verwendet Murat *ihre*)

Bei *ihre Liebling* werden also zusätzlich die Kategorien Genus und Sexus verwechselt, die im Deutschen leider nicht immer übereinstimmen, vgl. *die* Geisel, die auch männlichen Geschlechts sein kann, *der* Liebling, der auch weiblichen Geschlechts sein kann *(Sie ist der Liebling der Familie)*, *das* Mädchen, das zweifellos weiblichen Geschlechts ist.

Im Deutschen richten sich die Possessivpronomen (= besitzanzeigende Fürwörter) nach Person, Numerus und Genus des Besitzers (ich – mein, du – dein , er – sein, sie – ihr, wir – unser, ihr – euer, sie – ihr). Die Wortendung der Possessivpronomen richtet sich nach Genus, Numerus und Kasus des Besitztums: *mein Heft, meine Frau, mit meinem Fahrrad, unter meinen Füßen.*

In vielen Herkunftssprachen wird nicht zwischen *sein* und *ihr* unterschieden. Im Italienischen beispielsweise heißt *la sua amica* sowohl *ihre* als auch *seine* Freundin. Obwohl eigentlich zu erwarten wäre, dass nichtdeutschsprachige Kinder die kommunikativ wichtige Unterscheidung zwischen *sein* und *ihr* und damit die Zuordnung zum Besitzer von selbst lernen, geschieht dies überraschenderweise häufig nicht. Deshalb sollte das Possessivpronomen systematisch geübt werden.
Deutschsprachige Schüler haben in der Regel keine Probleme mit der Zuordnung des Possessivpronomens zum Besitzer. Aber auch sie machen Deklinationsfehler; insbesondere bei den Endungen auf *n/m,* die man beim Sprechen kaum hört, sind sie im Schriftlichen unsicher. Die Possessivpronomen folgen dem Deklinationsschema von *ein* und *kein.* Da die Opposition *mein* und *dein* für die Kinder inhaltlich leichter fassbar ist als das blasse *ein/kein,* empfiehlt es sich, dieses ständig vorkommende Deklinationsschema am Beispiel der Possessivpronomen zu üben.

Die Lieder

Im **Possessivpronomen-Boogie** werden die Possessivpronomen den jeweiligen Personalpronomen zugeordnet (ich – mein usw.). Durch Zeigegesten kann die Funktion der Pronomen verdeutlicht werden:

ich – mein:
Die Kinder zeigen mit einer Hand auf sich selbst.
du – dein:
Die Kinder zeigen mit einer Hand auf das Nachbarkind.
er – sein:
Die Kinder zeigen mit einer Hand auf einen Jungen.
sie – ihr:
Die Kinder zeigen mit einer Hand auf ein Mädchen.
es – sein:
Die Kinder zeigen mit einer Hand auf einen Gegenstand (Neutrum).
wir – unser:
Die Kinder zeigen mit beiden Händen auf sich selbst.
ihr – euer:
Die Kinder zeigen mit beiden Händen auf andere Kinder.
sie – ihr:
Die Kinder zeigen mit beiden Händen auf andere Kinder.

In den Strophen 2 bis 5 wird die Deklination des Possessiv-pronomens im Nominativ in allen drei Genera und im Plural „durchgespielt": *der Hund, die Kuh, das Kind, die Kinder*. Diese Nomen können leicht durch andere, von den Kindern genannte Substantive ersetzt werden. Die Bewegungen und Zeigegesten bleiben wie in der ersten Strophe.

Zur Einführung der vier Fälle bei der Deklination des Possessivpronomens dient das Lied **Der Ball mit der schwarzen Zahl**. Die Fälle kommen nacheinander vor: *mein/dein Ball, meines/deines Balles, auf meinem/deinem Ball, meinen/deinen Ball*. Die Strophen sollten wie auf dem Tonträger von zwei Personen oder Gruppen abwechselnd gesungen werden, damit die Dialogstruktur deutlich wird. Das ganze Lied lässt sich problemlos in den Plural setzen: *unser/euer Ball* usw. und in die 3. Person Femininum und Maskulinum, um die für die ausländischen Schüler besonders schwierige Unterscheidung von *ihr Ball* und *sein Ball* zu üben. Dabei können die beim Possessivpronomen-Boogie eingeübten Zeigegesten benutzt werden.

Ein eigenes Lied kann gedichtet werden, indem das Maskulinum *der Ball* durch das Femininum *die Puppe (mit den hübschen schwarzen Locken)* oder durch ein Neutrum, z. B. *das Heft*, ersetzt wird. Dabei bleibt der Originaltext weit gehend erhalten. Nur der einsilbige Akkusativ in der 5. Strophe sollte durch ein *und* aufgefangen werden (frag nicht dumm *und* such mein Heft).

Beim Singen des Liedes „Die Puppe mit den hübschen schwarzen Locken" gibt es möglicherweise Probleme, weil die zwei Silben „mein Ball" durch vier Silben „meine Puppe" ersetzt werden müssen. Wenn die Kinder das „wo" als Vorsilbe singen und den ersten Akzent auf „ist" legen, haben sie sicher keine Schwierigkeiten auch ihre eigene Liedvariante zu singen.

Zur Übung des Akkusativs der Possessivpronomen und der dazugehörigen Personalpronomen kann auch das **Suchlied** (Kap. 3) herangezogen werden. Im Originaltext wird das Maskulinum geübt *(mein Bleistift / er / ihn)*, das durch Strophen mit einem Femininum, einem Neutrum und dem Plural ersetzt werden kann: *meine Tasche / sie / sie – mein Musikheft / es /es – meine Hefte / sie / sie*. Auch die „Besitzer" können ausgetauscht werden: *du / deinen – er, sie / seinen, ihren – wir / unseren* usw.

Die Arbeitsblätter

Zu **Arbeitsblatt 15** kann zunächst das **Rumpelfax-Lied** (Kap. 8, Hörbeispiel 10) einleitend vorgespielt werden um den Kindern das „Rumpelfax" vorzustellen. In dem Arbeitsblatt wird die Zuordnung der Possessivpronomen zu Nomen und das Personalpronomen im Dativ geübt. In der mündlichen Spontansprache der Kinder sind häufig Äußerungen zu hören, in denen die Pronomen einfach weggelassen werden: *Gib Heft* statt *Gib mir dein Heft* oder *Gib ihr sein Heft*. Die Übung sollte mündlich vorbereitet werden, indem nach Gegenständen in der Klasse gefragt wird:
Wo ist Sabines Mantel? **Ihr** Mantel hängt an der Garderobe. Gebt ihr **ihren** Mantel!

Wo ist Mehmets Heft? **Sein** Heft liegt auf dem Pult. Gib **ihm** sein Heft!
Wo ist der Fußball von Jens und Tobias? **Ihr** Fußball liegt unter dem Gebüsch. Gebt ihnen **ihren** Fußball!
Wo sind die Stifte von Klaus und Beate? **Ihre** Stifte liegen auf dem Fußboden. Gebt ihnen **ihre** Stifte!
Wo ist meine Tasche? (fragt die Lehrerin) **Ihre** Tasche steht hinter dem Pult. Gebt mir **meine** Tasche!

Die Rumpelfax-Geschichte auf dem Arbeitsblatt kann man gut „in Szene setzen". Ein Kind spielt das Rumpelfax, das die Klasse „falsch" aufräumt. Ein weiteres Kind muss suchen und die Fragen stellen.
Wo sind Giselas Stifte, Pauls Radiergummi, Metins Schal?
Alle Kinder antworten einzeln, der Reihe nach (u. U. auch im Chor):
Ihre Stifte sind …, sein Radiergummi ist …, sein Schal ist …
Mit diesen Übungen werden gleichzeitig die Präpositionen mit dem Dativ und mit dem Akkusativ gelernt (vgl. Kap. 3) und, wenn man die Übung entsprechend einrichtet, der Unterschied zwischen *sitzen – setzen, liegen – legen, stehen – stellen*.
Wo *stehen* Afrimes Schuhe? – Wo hat das Rumpelfax sie *hingestellt*?
Wo *sitzt* die Puppe? Wo hat das Rumpelfax sie *hingesetzt*?
Wo *liegt* der Ball? Wo hat das Rumpelfax ihn *hingelegt*?

Arbeitsblatt 16: In dem als Lückentext gestalteten Rätsel werden die Possessivpronomen im Zusammenhang mit den Verwandtschaftsbezeichnungen geübt. Den Text „Wir" von Irmela Bender lernen die Kinder schnell auswendig, wenn sie ihn im Chor in verschiedenen Varianten sprechen, d. h. *ich* und *du* durch *wir – ihr* und *sie – er* ersetzen und diese Varianten auch aufschreiben. Dabei üben sie die Konjugation der Verben und die Deklination der Personalpronomen *(Ich, mir, mich / du, dir, dich / wir, uns, uns / ihr, euch, euch / sie, ihr, sie / er, ihm, ihn)*.
Nach dem Muster des Gedichts können die Kinder eigene Texte schreiben und dabei die Possessivpronomen anwenden.

Der Possessivpronomen-Boogie

T und M: K. Brinkmann und H. Kolbe
Bearbeitung: M. Geck

Vers
1. Wir ler-nen heut mit Takt und Schwung den Pos-ses-siv-pro-no-men-

Boo-gie, das ist ein Lied für Alt und Jung, der Pos-ses-siv-pro-no-men-

Refrain
Boo-gie. — Ich – mein, du – dein, er – sein, sie – ihr, es – sein, wir – unser,

zum Schluss
ihr – eu-er, sie – ihr Pos-ses-siv-pro-no-men-Boo-gie. ____

2. Ich hab 'ne Frage in dieser Stund
an den Possessivpronomen-Boogie.
Wie heißt es denn bei dem Wort *der Hund*
im Possessivpronomen-Boogie?

3. Ach so geht das, ich lern es im Nu
mit dem Possessivpronomen-Boogie.
Doch wie heißt es denn bei dem Wort *die Kuh*
im Possessivpronomen-Boogie?

4. Ich hab's jetzt drauf, ich kann es nun blind
mit dem Possessivpronomen-Boogie.
Doch wie heißt es denn beim dem Wort *das Kind*
im Possessivpronomen-Boogie?

5. Das geht wie am Schnürchen geschwind und
geschwinder
mit dem Possessivpronomen-Boogie.
Doch wie heißt es denn bei dem Wort *die Kinder*
im Possessivpronomen-Boogie?

6. Nach diesem Lied kann ich ihn gut,
den Possessivpronomen-Boogie.
So stimm mit ein und habe Mut
zum Possessivpronomen-Boogie.

Refrain:
Ich – mein Hund, du – dein Hund,
er – sein Hund, sie – ihr Hund,
es – sein Hund, wir – unser Hund,
ihr – euer Hund, sie – ihr Hund.

Ich – meine Kuh, du – deine Kuh,
er – seine Kuh, sie – ihre Kuh,
es – seine Kuh, wir – unsere Kuh,
ihr – eure Kuh, sie – ihre Kuh.

Ich – mein Kind, du – dein Kind,
er – sein Kind, sie – ihr Kind,
es – sein Kind, wir – unser Kind,
ihr – euer Kind, sie – ihr Kind.

Ich – meine Kinder, du – deine Kinder,
er – seine Kinder, sie – ihre Kinder,
es – seine Kinder, wir – unsere Kinder,
ihr – eure Kinder, sie – ihre Kinder.

Ich – mein, du – dein,
er – sein, sie – ihr,
es – sein, wir – unser,
ihr – euer, sie – ihr.

Das Lied vom Ball mit der schwarzen Zahl

T und M: M. Geck

1. Eins, zwei, drei, vier, fünf, sechs, sie-ben, wo ist nur mein Ball ge-blie-ben? Die-ses Mus-ter mei-nes Bal-les lie-be ich doch ü-ber al-les! Wo kann mein Ball denn nur sein? ____

2. Eins, zwei, drei, vier, fünf, sechs, sieben,
   wo ist nur dein Ball geblieben?
   Welches Muster deines Balles
   liebst du denn so über alles?
   Wo kann dein Ball denn nur sein?

3. Eins, zwei, drei, vier, fünf, sechs, sieben,
   wo ist nur mein Ball geblieben?
   Hör gut zu: Auf meinem Ball
   steht 'ne große schwarze Zahl!
   Wo kann mein Ball denn nur sein?

4. Eins, zwei, drei, vier, fünf, sechs, sieben,
   wo ist nur dein Ball geblieben?
   Warum steht auf deinem Ball
   diese große schwarze Zahl?
   Wo kann dein Ball denn nur sein?

5. Eins, zwei, drei, vier, fünf, sechs, sieben,
   wo ist nur mein Ball geblieben?
   Frag nicht dumm, such meinen Ball
   mit der großen schwarzen Zahl!
   Wo kann mein Ball denn nur sein?

6. Eins, zwei, drei, vier, fünf, sechs, sieben,
   wo ist nur dein Ball geblieben?
   Schau, hier hab ich deinen Ball
   mit der großen schwarzen Zahl!
   Da kannst du dich aber freu'n!

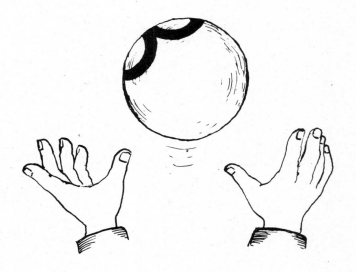

Rumpelfax macht mal wieder alles verkehrt

Rumpelfax ist ein besonders liebes Monster, das immer allen Leuten helfen will.

Oliver, Tatjana, Afrime und Metin spielen in Afrimes Zimmer zuerst Verstecken, danach Verkleiden. Auf einmal ist es schon sieben Uhr und keiner hat mehr Zeit Afrimes Zimmer aufzuräumen. Das ist vielleicht eine Unordnung in ihrem Zimmer!

Am nächsten Morgen, als die Kinder in der Schule sind, kommt das Rumpelfax und räumt auf:

Es stellt *Afrimes* Schuhe auf den Kleiderschrank und legt *Metins* und *Olivers* Ball in den Papierkorb.

Es stopft *Omas* alten Hut in die Schreibtischschublade und *Afrimes* Hose unter das Bett. *Tatjanas* Puppe setzt es auf das Bücherregal und *Olivers* Brettspiel stellt es neben die Bücher. Den Teddybären legt das Rumpelfax in *Afrimes* Bett.

Als Afrime aus der Schule kommt, freut sie sich, dass alles so schön aufgeräumt ist. Aber sie kann nichts wiederfinden. Könnt ihr Afrime helfen?

Wo sind Afrimes Schuhe? **Ihre** *Schuhe stehen auf dem Schrank.*

Wir geben ihr **ihre** *Schuhe!*

1. *Wo ist Metins und Olivers Ball?* _____ *Ball liegt im Papierkorb.*

    Wir geben ihnen _____ *Ball.*

2. *Wo ist Omas alter Hut?* _____ *alter Hut steckt in der Schreibtischschublade.*

    Wir geben ihr _____ *Hut.*

3. *Wo ist Afrimes Hose?* _____ *Hose liegt unter dem Bett.*

    Wir geben ihr _____ *Hose.*

4. *Wo ist Tatjanas Puppe?* _____ *Puppe sitzt auf dem Regal.*

    Wir geben ihr _____ *Puppe.*

5. *Wo ist Olivers Brettspiel?* _____ *Brettspiel steht neben den Büchern.*

    Wir geben ihm _____ *Brettspiel.*

6. *Und wo ist Metins Teddybär?* _____ *Teddybär liegt in* _____ *Bett und schläft.*

    Lassen wir _____ *Teddybären ruhig schlafen.*

Rätsel

Funda und Nuri sind verwandt. Aber wie?

Ihre Mutter ist nicht seine Mutter.   Aber: Ihre Onkel sind auch seine Onkel.

_____ Vater ist nicht _____ Vater.   _____ Tante ist auch _____ Tante.

_____ Schwester ist nicht _____ Schwester.   _____ Opa ist auch _____ Opa.

_____ Brüder sind nicht _____ Brüder.   _____ Oma ist auch _____ Oma.

Lösung: _____ .

Denke dir ein Rätsel aus, zum Beispiel: Wie ist es bei dir und deiner Mutter?

Ihre Eltern sind meine _____ .   Ihr Bruder ist _____ .

Mein Bruder ist _____ .

Wie ist es bei deiner Mutter und deinem Onkel, bei deinem Vater und deiner Tante? Du findest sicher noch viele Beispiele.

Für besonders Schnelle

Wir
Ich bin ich und du bist du.
Wenn ich rede, hörst du zu.
Wenn du sprichst, dann bin ich still,
weil ich dich verstehen will.
Wenn du fällst, helf ich dir auf
und du fängst mich, wenn ich lauf.
Wenn du kickst, steh ich im Tor,
pfeif ich Angriff, schießt du vor.
Spielst du pong, dann spiel ich ping,
und du trommelst, wenn ich sing.
Allein kann keiner diese Sachen,
zusammen können wir viel machen.
Ich mit dir und du mit mir –
das sind wir.   _Irmela Brender_

Gedicht

Meine Fehler sind nicht deine Fehler,
meine Sprache ist nicht deine Sprache,
unser Land ist nicht euer Land.

Aber
Eure Welt ist auch unsere Welt.
Eure Feste sind auch unsere Feste.
Eure Freude ist auch unsere Freude.
Ihre Sorgen sind auch unsere Sorgen.
Deine Spiele sind auch meine Spiele.

...

Dichtet weiter.

Sprecht das Gedicht von Irmela Brender alle zusammen.
Dazu müsst ihr es in die Mehrzahl setzen: _Wir sind wir und ihr seid ihr_ ... Macht weiter.

Wenn ihr das Gedicht spielen wollt, ist es am besten <u>ich</u> und <u>du</u> durch <u>sie</u> und <u>er</u> zu ersetzen.
Ein Mädchen spielt alles, was <u>sie</u> tut, ein Junge das, was <u>er</u> tut. Denkt euch Bewegungen dazu aus:

Sie ist sie und er ist er.
Wenn sie redet, hört er zu. (Oder umgekehrt ...)

Macht weiter.

Kapitel 6

Die verflixte Adjektivflexion

Das grammatische Problem

„Mein schrecklichste Erlebnis. Es war ein schönen Sonntag. Ich spielte mit meine Freunde Fußball. Da …" (Serdal)
„Ich bin in Kurdistan in die Schule gegangen. Die Mädchen haben ein schwarzen Kleid und ein weißen Kragen …" (Teybet)

Das sind die Anfänge von fantasievollen, lebendig geschriebenen Aufsätzen, verfasst von Kindern, die in Deutschland geboren sind. Wenn diese Kinder sprechen, sind die Abweichungen weniger auffällig und störend, weil die Intonation, die Aussprache und die lebendige Erzählweise die grammatischen Defizite verdecken. Deklinationsfehler, wie sie hier auftreten, gehören nicht nur bei denen, die Deutsch als Zweit- oder Fremdsprache lernen, zu den häufigsten Grammatikfehlern. Auch deutschsprachige Kinder haben beim Schreiben durchaus Probleme mit den richtigen Endungen. Das ist angesichts der Unübersichtlichkeit der deutschen Adjektivdeklination auch nicht verwunderlich. Es gibt drei verschiedene Adjektivflexionen, je nachdem ob vor dem Adjektiv ein bestimmer, ein unbestimmter oder gar kein Artikel steht; innerhalb dieser Deklinationen muss jeweils zwischen Genus, Numerus und Kasus unterschieden werden:

der süße Pudding – ein süßer Pudding – süßer Pudding
des süßen Puddings – eines süßen Puddings – süßen Puddings
dem süßen Pudding – einem süßen Pudding – süßem Pudding
den süßen Pudding – einen süßen Pudding – süßen Pudding

das lustige Spiel – ein lustiges Spiel – lustiges Spiel
des lustigen Spiels – eines lustigen Spiels – lustigen Spiels
dem lustigen Spiel – einem lustigen Spiel – lustigem Spiel
(Akkusativ – Nominativ)

die helle Farbe – eine helle Farbe – helle Farbe
der hellen Farbe – einer hellen Farbe – heller Farbe
(Dativ = Genitiv, Akkusativ = Nominativ)

Die Pluralendungen sind in allen drei Genera gleich:

die schönen Weine, Spiele, Farben – schöne Weine, Spiele, Farben
der schönen Weine, Spiele, Farben – schöner Weine, Spiele, Farben
den schönen Weinen, Spielen, Farben – schönen Weinen, Spielen, Farben
(Akkusativ = Nominativ)

Natürlich lernen die Kinder dieses unübersichtliche System nicht dadurch, dass sie Regeln pauken oder indem sie Deklinationsschemata auswendig lernen. Vielmehr muss der Grammatikunterricht so aufgebaut werden, dass diejenigen sprachlichen Formen, die erfahrungsgemäß längerfristig Schwierigkeiten bereiten und zu Unsicherheiten führen, den Kindern so früh und so häufig wie möglich in einprägsamen Texten angeboten werden. Die unterschiedlichen Deklinationen werden in dem Lied, den Versen und Spielen angeboten. Indem die Kinder mit den Texten „spielen", die vorgegebenen Adjektive durch andere Adjektive, den bestimmten durch den unbestimmten Artikel, ein Neutrum durch ein Femininum, einen Singular durch einen Plural ersetzen, schleifen sich die Formen ein. Die Texte enthalten ein Regelrepertoire, auf das die Kinder bei Unsicherheiten zurückgreifen können, indem sie zu den in den Liedern, Texten, Spielen gelernten Formen Analogien bilden.

Den Lehrenden sollten allerdings die folgenden „Faustregeln" zur Adjektivflexion bewusst sein:
1. Die Genusmerkmale (de̲r, de̲s, de̲m – di̲e, de̲r – da̲s, de̲s, de̲m) werden in der Regel nur einmal vewandt, entweder am Artikel oder am Adjektiv: *der junge Mann – ein junge̲r Mann / das alte Auto – ein alte̲s Auto / der klugen Frau – eine̲r klugen Frau.*
2. Im Akkusativ unterscheiden sich nur die Maskulina (Sg.) vom Nominativ. Deshalb sollte man bei Übungen mit dem Akkusativ darauf achten, dass möglichst alle Genera vertreten sind. Sonst kommt es leicht zu einer Übergeneralisierung der maskulinen Formen (vgl. dazu die Fehlerbeispiele).
3. Im Plural gibt es erfreulicherweise nur eine Deklination für alle drei Genera; die artikellose Form im Plural entspricht dem unbestimmten Artikel im Singular.

Im muttersprachlichen Deutschunterricht wird meist nur die Wortart Adjektiv eingeführt, und das vorwiegend in prädikativer Stellung, d. h. unflektiert: *Der Floh ist klein – Das Pferd ist groß.* Außerdem wird die Adjektivsteigerung behandelt, sodass wir bei unseren Materialien darauf verzichten können.

Ziel des folgenden Textangebots ist es, die Kinder beim intuitiven Gebrauch des flektierten (attributiven) Adjektivs sicherer zu machen. Die Formen werden nicht einzeln und bliebig angeboten, sondern in Oppositionen nach bestimmten/unbestimmten Artikeln, Genusoppositionen, Kasusoppositionen.
Wichtig ist, dass alle Texte mehrfach laut gelesen und gesprochen werden: einzeln, in Gruppen, abwechselnd, im Chor; laut und leise, damit die Kinder die Formen „im Ohr" haben, bevor sie sie aufschreiben und sich damit nochmals bewusst machen.

Das Lied vom unzufriedenen Käufer

Das Lied kann als Rollenspiel eingeführt werden. Die vorgegebenen Namen lassen sich leicht durch Namen von Kindern aus der Klasse ersetzen. Beim Singen des Liedes wird
das Verkaufsspiel mimisch/gestisch mitvollzogen. Die Kinder singen zunächst das Originallied und die von ihnen ein-
gebrachten Varianten und schreiben dann ihre eigenen
Strophen auf. Geübt wird dabei die Adjektivflexion nach
unbestimmtem Artikel im Nominativ in Opposition zum
Akkusativ nach bestimmtem und unbestimmtem Artikel.
Es empfiehlt sich, die unterschiedlichen Deklinationen der
drei Genera an der Tafel festzuhalten:
*eine neue Hose – die neue Hose, ein bunter Schirm – den bun-
ten Schirm, ein rotes Auto – das rote Auto.*
Das sprachliche Material des Verkaufsliedes kann anschließend zum „Kofferpacken" genutzt werden. Die durch
das Verkaufslied erworbenen Gegenstände sind bekannt
und erfordern deshalb den bestimmten Artikel (im Nominativ: *in meinem Koffer sind die roten Socken, ist der gelbe
Schal …* oder im Akkusativ: *Ich packe in meinen Koffer den
gelben Schal, die roten Socken …*). Was den Schülern sonst
noch einfällt, erfordert den unbestimmten Artikel oder das
Possessivpronomen *(ein kleiner, dicker Hamster / meinen
kleinen, dicken Hamster).*
Bei der Übung der Opposition bestimmer – unbestimmter
Artikel im Nominativ kann man durch Pfeile deutlich machen, wie die Genusmerkmale bei den Maskulina und Neutra vom bestimmten Artikel zu den Adjektivendungen
„wandern":

der schöne Mantel   *das bunte Hemd*

ein schöner Mantel   *ein buntes Hemd*

Die Arbeitsblätter

Die **Arbeitsblätter 17 und 18** können unabhängig von
dem Lied zur Einführung oder auch zur Wiederholung der
bereits thematisierten Adjektivflexion herangezogen werden. Es ist wichtig, dass die Adjektivflexion häufiger in verschiedenen Kontexten und zu verschiedenen Zeitpunkten
geübt wird.
Die „Bärenjagd" ist ein beliebtes Sprech- und Bewegungs-
spiel, das in vielen Varianten verbreitet ist. Der folgende
Text ist dem Bilderbuch *Wir gehen auf Bärenjagd* von
Michael Rosen und Helen Oxenbury entnommen.

> Wir gehen auf Bärenjagd und fangen einen ganz großen!
> Huhu, was ist das? Gras!
> Langes, feuchtes Gras!
> Drüber können wir nicht, drunter können wir nicht.
> Oh, nein! Wir müssen mitten rein!
> Wischel, waschel! Wischel, waschel!

Nach dem gleichen Muster (auf die Frage *Huhu, was ist das?*)
müssen die folgenden Hindernisse überwunden werden:

> Ein nasser, kalter Fluss! … Plitsch, platsch!
> Matschiger, glitschiger Schlamm! … Quietsch, quatsch!
> Ein dunkler, schummriger Wald! … Holper, stolper!
> Ein eisiger, kalter Schneesturm! … Huuh, wuuh!
> Ein hoher, steiler Berg! … Trippel, trappel!
> Eine dunkle, finstere Höhle! … Tipp, tapp!

Zuletzt heißt es:

> Was ist das?
> Eine glänzende, nasse Nase!
> Zwei runde, pelzige Ohren!
> Zwei große, leuchtende Augen!
> Ein zotteliger, dicker Bauch!

(Hier können alle Körperteile befühlt und benannt
werden.)

> Es ist der Bär!
> Schnell, schnell zurück!
> Durch die dunkle, finstere Höhle,
> über den hohen, steilen Berg,
> durch den schummrigen, dunklen Wald,
> durch den matschigen, glitschigen Schlamm,
> durch den nassen, kalten Fluss,
> durch das lange, feuchte Gras!

Variante „Rückkehr im Nominativ":

> Schnell, schnell zurück! Was kam zuletzt?
> Die dunkle, finstere Höhle,
> dann der hohe, steile Berg, …

> Geschafft!
> Türe auf! Treppe rauf!
> Oh, nein! Der Bär kommt rein!
> Türe zu! Jetzt ist Ruh!
> Ach wie gut, ach wie nett ist so ein großes, warmes Bett!

> Wann gehen wir wieder auf Bärenjagd?

Die auf der Jagd nach dem Bären zu überwindenden Hindernisse sind jeweils durch doppelte Adjektive gekenn-
zeichnet, auf dem Hinweg mit unbestimmten, auf dem
Rückweg, wenn die Hindernisse bekannt sind, mit bestimmtem Artikel. Will man, analog zum Hinweg, auch auf
dem Rückweg den Nominativ üben und dadurch die Opposition bestimmt / unbestimmt beim gleichen Kasus, so
bietet sich die Nominativ-Variante an.
Der Text sollte zunächst mündlich erarbeitet werden: Die
Kinder sitzen im Kreis. Die Spielleiterin spricht jeweils eine
Zeile vor, die dann im Chor wiederholt wird. „Fortbewe-
gungsgeräusche" begleiten das rhythmische Sprechen, z. B.
Klatschen auf die Schenkel oder Trappeln mit den Füßen.
Weitere Gesten können verabredet werden für die Wahr-
nehmung der Hindernisse (z. B. Hand über die Augen halten und spähen), für die Lautmalerei bei der Überwindung
der verschiedenen Hindernisse (z. B. Schwimmbewegun-
gen beim Überqueren des Flusses, tastende Armbewegun-
gen beim Gang in die finstere Höhle), für das „drüber …"

und „drunter …" (beide Hände über bzw. unter das imaginäre Hindernis halten).

Die mündlich veranstaltete Bärenjagd wird anschließend mit Hilfe des **Arbeitsblattes 17** noch einmal lesend und schreibend durchgespielt. Dabei müssen die Kinder das zweite Adjektiv analog zum ersten deklinieren und aufschreiben. Für das Arbeitsblatt wurde der Akkusativ mit unbestimmtem Artikel gewählt. Je nach dem Leistungsstand der Kinder kann man das Angebot an sprachlichen Formen reduzieren oder erweitern. Wichtig ist, dass die Schüler den Stellenwert der einzelnen Formen im Deklinationssystem erfassen. Die Bärenjagd kann bei verschiedenen Gelegenheiten wiederholt und abgewandelt werden, da nicht damit zu rechnen ist, dass die Adjektivendungen schon nach der ersten Bärenjagd in Fleisch und Blut übergehen. Dann gelten strengere Regeln, und zwar ist die Flucht nur dann geglückt, wenn die doppelten Adjektive auch gesprochen worden sind – ganz schnell und leise; die Veränderung der Stimmlage erhöht die Konzentration. Die Bärenjagd kann man erweitern, indem die Kinder weitere Hindernisse erfinden (mit doppelten Adjektiven natürlich). Der Bär kann durch ein anderes Tier ersetzt werden, z. B.: *Die Giraffe aus dem Zirkus ist weg, wir müssen sie wieder einfangen.* Die *Giraffenjagd* kann von den Kindern nach dem Muster der Bärenjagd oder auch als freier Text aufgeschrieben und als Programmpunkt in die „Zirkusschau" integriert werden (vgl. Kap. 7).

Arbeitsblatt 18: Das Gedicht von der „schiefen, krummen, dummen Maus" lernen die Kinder schnell auswendig, wenn man schon beim ersten Vorlesen die fehlenden Adjektive mündlich ergänzen und, nachdem die Kinder sie auch geschrieben haben, das Gedicht auf unterschiedliche Weise vortragen lässt.
1. Ein Kind liest vor, bei den Adjektiven sprechen alle mit und machen dazu passende Bewegungen: *schiefe* Körperhaltung, *krumme* Körperhaltung und für *dumm* fällt den Kindern schon etwas Passendes ein.
2. Ein Kind liest vor, drei verschiedene Kinder oder Kindergruppen sprechen jeweils ein Adjektiv mit der dazugehörenden Bewegung.
Nachdem die Kinder das Gedicht auf diese Weise „ins Ohr" bekommen haben, sind sie motiviert, ein eigenes Gedicht zu schreiben und es in ähnlicher Weise zu inszenieren wie das Originalgedicht. Die Adjektive können sich die Kinder selber ausdenken; man kann auch ein Kästchen mit Adjektivkärtchen (verdeckt oder offen) zur Verfügung stellen, aus dem jeweils drei genommen werden dürfen.

Die folgenden **Abzählreime** sind möglicherweise einigen Kindern schon bekannt. Wenn sie in die Spielrituale übernommen werden, dann üben sie die Adjektivdeklination auch auf dem Schulhof. Die Tatsache, dass es sehr viele solcher mündlich tradierten Kinderverse gibt, deutet darauf hin, dass sich Kinder die schwierige Adjektivflexion schon immer „spielend" mit Ohr, Auge und Körper angeeignet haben.

1. Bimbambolisch
   In der bimbambolschen Küche
   geht es bimbambolisch zu:
   tanzt der bimbambolsche Ochse
   mit der bimbambolschen Kuh;
   und die bimbambolsche Mutter
   kocht den bimbambolschen Brei
   und die bimbambolschen Kinder
   fassen mit den Händen drein!

   Aus! Aus! Raus!

2. Auf einem vivabunten Berge
   wohnten vivabunte Leute
   und die vivabunten Leute
   hatten vivabunte Kinder
   und die vivabunten Kinder
   aßen jeden Tag ein Ei.
   Eins, zwei, drei –
   und du bist frei!

3. In einer ganz famosen Küche,
   da geht es ganz famose zu,
   da tanzt ein ganz famoser Ochse
   mit einer ganz famosen Kuh.
   Eckchen, beckchen,
   Liberkleckchen!
   Ab bist du!

Das Lied vom unzufriedenen Käufer

T und M: A. Berkemeier

1. Mi - ri - am braucht ei - ne Ho - se. Sie geht in ei - nen La - den.
Der Ver - käu - fer ist sehr nett. Er fragt: „Was möchtest du ha - ben?
Hier ist ei - ne wun - der - schö - ne dun - kel - blau - e Ho - se!"
A - ber Mi - ri - am sagt: „Die blau - e Ho - se will ich nicht. Ich möch - te ei - ne
gel - be!" La la la la la la la la la la la la la.

2. Christian braucht einen Schirm. Er geht in einen Laden.
Der Verkäufer ist sehr nett. Er fragt: „Was möchtest du haben?
Hier ist ein ganz wunderschöner kunterbunter Schirm!"
Aber Christian sagt: „Den bunten Schirm, den will ich nicht. Ich möchte einen schwarzen!" –
La la la …

3. Daniel braucht einen Schal. Er geht in einen Laden.
Der Verkäufer ist sehr nett. Er fragt: „Was möchtest du haben?
Hier ist ein ganz wunderschöner sonnengelber Schal!"
Aber Daniel sagt: „Den gelben Schal, den will ich nicht. Ich möchte einen weißen!" – La la la …

4. Antonia braucht eine Puppe. Sie geht in einen Laden.
Der Verkäufer ist sehr nett. Er fragt: „Was möchtest du haben?
Hier ist eine wunderschöne riesengroße Puppe!"
Aber Antonia sagt: „Die große Puppe will ich nicht. Ich möchte eine kleine!" – La la la …

5. Isabella braucht ein Auto. Sie geht in einen Laden.
Der Verkäufer ist sehr nett. Er fragt: „Was möchtest du haben?
Hier ist ein ganz wunderschönes feuerrotes Auto!"
Aber Isabella sagt: „Das rote Auto will ich nicht. Ich möchte gern ein grünes!" – La la la …

Schreibt ein eigenes Lied. Die Namen der unzufriedenen Käufer könnt ihr durch eure eigenen Namen ersetzen.
Die Dinge, die ihr kaufen wollt, könnt ihr euch natürlich auch ausdenken.

Unsere Bärenjagd

Wir gehen durch _____ , feuchtes Gras.

Wir schwimmen durch einen nassen, _____ Fluss.

Wir platschen durch _____ , glitschigen Schlamm.

Wir gehen durch einen dunklen, _____ Wald und

durch einen _____ , kalten Schneesturm.

Wir steigen über einen _____ , steilen Berg.

Wir schleichen in eine dunkle, _____ Höhle.

Wir fühlen eine _____ , nasse Nase und zwei _____ , pelzige Ohren

und zwei große, _____ Augen und einen zotteligen, _____ Bauch.

Oh je, das ist ja der Bär!

Hilfswörter zum Einsetzen

glänzend, eisig, matschig, lang, dick, rund, hoch, schummrig, leuchtend, finster, kalt

Zum Mitmachen und Lernen

Ich erzähle eine Geschichte und die geht so:

Ich kenne ein _schiefes_, _krummes_, _dummes_ Haus,

da wohnt eine _schiefe_, _krumme_, _____ Maus.

Sie trägt einen _schiefen_, _____ , _____ Schuh,

da wundert sich die _____ , _krumme_, _____ Kuh.

Da geht die Maus zu ihrer _____ , _____ , _dummen_ Tante,

die gerade ihr _schiefes_, _____ , _____ Haus verbrannte.

Da sprach die _____ , _____ , _____ Maus:

„Oh Graus,
warum verbrennst du
denn dein _____ , _____ , _____ Haus?"

Es antwortete die _____ , _____ , _____ Tante,

die die _____ , _____ , _____ Maus schon lange kannte:

„Du _____ , _____ , _____ Maus,

mein _____ , _____ , _____ Haus

verbrannte die _____ , _____ , _____ Laus."

Und damit ist die _____ , _____ , _____ Geschichte aus!

Hier brauchst du nur *schief, krumm, dumm* einzusetzen,
aber mit den richtigen Endungen.
Die musst du schon selbst finden. Viel Spaß!

Kapitel 7

Wie stark sind die starken Verben?

„Mein schrecklichste Erlebnis: Ich springte über den Zaun. Da weckte der Hund und sehte mich … Meine Freundinnen gibten ihre Hände und … wir gingten nach Hause." (Zarife)

Didaktische Analyse

Die von Jacob Grimm *stark* genannten Verben bilden das Imperfekt und das Partizip durch den Wechsel des Stammvokals (Ablaut), nicht durch das Anhängen der Silbe *-te*. Die 1. und 3. Person Singular des Imperfekts ist bei starken Verben im Gegensatz zu den schwachen endungslos:

ich fand / er fand – ich fragte / er fragte

Die Anzahl der starken Verben ist seit dem Mittelhochdeutschen kontinuierlich gesunken und nimmt weiter ab (vgl. buk/backte, frug/fragte, glomm/glimmte, sog/saugte, sott/siedete, wob/webte). Aufgrund dieser Tendenz zum schwachen Verb sind manchmal sogar Studenten unsicher, ob es *preiste* oder *pries*, *befehlte* oder *befahl* heißt, wann es *erschreckte* heißt und wann *erschrak*, wann *hängte* und wann *hing*.

Beim natürlichen Spracherwerb sind die folgenden Erwerbsstufen zu beobachten:

1. „*Gestern meine Bruder hat geheiraten*" (stark konjugiertes Partizip: Die starke Form wird auf ein schwaches Verb übertragen, denn die starken Verben gehören zu den am häufigsten gebrauchten Wörtern und werden deshalb als Erste erlernt.)

2. „*Der Hund sehte mich*" (Die schwache Konjugation wird auf die starken Verben übertragen, wenn die Schüler merken, dass die meisten Verben schwach konjugiert werden.)

3. Neben der „regelgemäßen" Verwendung der schwachen Konjugation *(gebten, nehmten)* werden schwache Imperfektendungen häufig auch an den Stamm des Imperativs gehängt *(gibten, nimmten)*, oder es kommt zu stark-schwachen Mischformen, die zeigen, dass der Vokalwechsel schon gelernt worden ist *(gabten, nahmten, gingten)*.

Bei den meisten deutschen Kindern ist der Erwerb der starken Verben beim Schuleintritt weit gehend abgeschlossen, wenn auch noch keineswegs stabil. Insbesondere beim Imperfekt der starken Verben sind noch Unsicherheiten zu beobachten, weil in der gesprochenen Sprache das Perfekt vorherrscht. Die ausländischen Kinder hingegen durchlaufen die verschiedenen Erwerbsphasen während der Schulzeit, was zu Verwirrungen führen kann, weil sie die falschen Formen auch schreiben und sich geschriebene Fehlformen schnell einprägen.

Eine Thematisierung der starken Verben führt, wie wir bei der Erprobung der hier vorgestellten Unterrichtsmaterialien in mehreren Klassen festgestellt haben, bei Grundschulkindern schnell zum Erfolg. Am Beispiel der relativ leicht identifizierbaren Verben kann man darüber hinaus schon Kinder im 3. oder 4. Schuljahr dazu anleiten in Zweifelsfällen nachzuschlagen und Verbtabellen zu benutzen. Eine Liste der unregelmäßigen Verben sollte den Kindern zur Verfügung gestellt werden. Wenn diese Verben während der Grundschulzeit nicht gelernt werden, kann das zu einer Beeinträchtigung des übrigen Spracherwerbs in den Sekundarstufen führen. „*Das raff ich nie mit den Verben, das ist das totale Chaos!*", so der verzweifelte Ausruf eines türkischen Berufsschülers, der – hier geboren – das ganze deutsche Schulsystem durchlaufen hatte, ohne dass ihm im Deutschunterricht bei diesem Problem geholfen worden wäre.

Das Zirkuslied

Die Stammformen starker Verben werden mit einem Lied eingeführt, das für Kinder mit geringen Sprachkenntnissen (auch für „Nullanfänger") ebenso attraktiv ist wie für deutschsprachige Kinder. Die Kinder können in mehrfacher Weise aktiv werden:

1. Sie dichten eigene Strophen, indem sie weitere Zirkusakteure erfinden und ihnen eine Tätigkeit zuordnen:
- der Messerwerfer: treffen (trifft), traf, getroffen
- die Musik: klingen, klang, geklungen
- der Tiger: schleichen, schlich, geschlichen
- der Elefant: winken, winkte, gewunken
- der Zauberer: zaubern, zauberte, gezaubert
- die Tänzerin: tanzen, tanzte, getanzt
- das Kamel: traben, trabte, getrabt
- der Affe: turnen, turnte, geturnt

Beim Singen und Aufschreiben der eigenen Zirkusstrophen sollte den Kindern bewusst gemacht werden, dass bei den Verben der Bewegung *(springen, laufen, schleichen usw.)* das Perfekt mit *sein (ist, sind)* gebildet wird, bei den anderen Verben mit *haben*. Bei der Substitution schwacher Verben ergeben sich Probleme mit dem Singen, weil die schwachen Verben im Gegensatz zu den starken immer mehrsilbig sind. Indem man das *und* oder das *so* weglässt, kann man den Vers so umändern, dass er in den Rhythmus passt: „Und er turnte wunderbar", „Er zauberte ganz wunderbar".

2. Die Kinder „helfen" dem Zirkusdirektor, indem sie die Rolle der verschwundenen Akteure übernehmen. Dabei kann das Zirkuslied als Rahmen für eine Aufführung dienen, in die auch Lieder und Übungen aus anderen Kapiteln einbezogen werden, z. B.: „Der Tiger ist weg" – die Kinder veranstalten eine Tigerjagd nach dem Muster der Bärenjagd (vgl. Kap. 6, AB 17); „Der Zauberer ist weg" – Die Kinder tragen eigene Zaubersprüche vor (vgl. AB 14). Hinter das Programm für die Zirkusschau (AB 19) sollten alle Arbeitsblätter geheftet werden, die zur Aufführung kommen.

Die Arbeitsblätter

Das **Arbeitsblatt 19** dient als Einladung zu einer Zirkusschau. Zunächst müssen die Rollen verteilt werden: Wer ist *der neue Clown, das neue Pferd, die neue Giraffe*?
Daraus entsteht die folgende Tafelanschrift:
Murat ist der neue Clown, der singt / Bettina ist der neue Clown, der springt / Amira ist der neue Löwe, der frisst.

Bei der vorgedruckten Einladung zur Zirkusschau müssen die an der Tafel im Nominativ eingeführten Akteure in den Akkusativ gesetzt werden:
Murat spielt den neuen Clown, der singt usw.
Beim Schreiben des Zirkusprogramms lernen die Schüler eher nebenbei eine ganze Reihe von grammatischen Sachverhalten:
1. Das Relativpronomen bezieht sich auf das Bezugsnomen: statt *Amira ist der Löwe, der frisst* kann es auch heißen *Amira ist die Löwin, die …*, aber nicht: *Amira ist der Löwe, die …*
2. Nominativ und Akkusativ bei Nomen mit Begleitern und Adjektiven: bei den Maskulina ändern sich der Begleiter und das Adjektiv, bei den Feminina und Neutra sind Nominativ und Akkusativ gleich.
3. Bei einer Reihe von starken Verben ändert sich nicht nur der Ablaut bei den Stammformen; in der 2. / 3. Person Präsens gibt es einen Umlaut (*fängt, wirft, trifft, läuft, isst, frisst*).

Arbeitsblatt 20 enthält Zaubersprüche mit Verben der am häufigsten vorkommenden Ablautreihen. Durch das häufige Singen des Zirkusliedes und das Verfassen eigener Strophen haben die Kinder die Funktion der Verbstammformen im Kontext erfasst. Auf dieser Basis können sie nun mit den Zaubersprüchen die Verbformen etwas systematischer nach Ablautreihen lernen. Die Zaubersprüche sollten bei einer Zirkusschau möglichst auswendig vorgetragen werden.

Hier noch ein paar Zauberrezepte zum Lernen der starken Verben:
greifen, griff, gegriffen / Die Schlange hör ich zischen
lesen, las, gelesen / Ich liebe meinen Zauberbesen
nehmen, nahm, genommen / wie bin ich bloß hierher gekommen

Arbeitsblatt 21: Der Text „Zoff im Zoo" dient dem Transfer der mit der Zirkusthematik systematisch gelernten Verben in einen Prosakontext. Vor der schriftlichen Fixierung der Aufsatzideen sollte als Hilfe für die Verwendung der Verben die Grammatikübung (Aufgabe 1) gemacht werden. Die Aufgabe 2 verbindet Grammtikunterricht und Textproduktion: Die Schüler können entweder einen streng „gebundenen" Text schreiben, indem sie systematisch die im Text vorgegebene 3. Person durch die 1. Person und alle Verben im Präsens durch das Imperfekt ersetzen; sie können den Bericht natürlich auch ausschmücken, eigene Vermutungen über den Hergang äußern. Aufgaben 2 und 3 können als Rollenspiel eingeführt werden.

Das folgende Gedicht ist eine weitere Möglichkeit Poesie und Grammatik miteinander zu verbinden:

Gehen – laufen – springen

Ich gehe – ich eile – ich laufe – ich springe
ich renne – ich rase – ich sause – ich schwinge
ich flitze – ich wandre – ich schlendre – ich schreite
ich hüpfe – ich hopse – ich tänzle – ich gleite
ich stelze – ich taumle – ich torkle – ich schleiche
ich stampfe – ich tripple – ich hinke – ich weiche
ich humple – ich schlurfe – ich bummle – ich schwanke
ich husche – ich trotte – ich trödle – ich wanke …

Rosemarie Künzler-Behncke

Der Text läßt sich auf verschiedene Weise in Szene setzen und dabei auswendig lernen:
– Die Lehrerin spricht die einzelnen Verben im Singular vor, die Kinder wiederholen sie im Chor und dann natürlich im Plural.
– Der gesamte Text wird in das Imperfekt gesetzt, dabei bleiben die Reime erhalten.
– Bei einem Ratespiel kann das Perfekt mit *sein* (bei den meisten Verben der Bewegung) und das Perfekt mit *haben* geübt werden.
Bei Kindern mit geringen Deutschkenntnissen sollte man die Verbmenge halbieren.

Ein Kind macht Bewegungen vor: *gehen, eilen, springen, hüpfen, gleiten, stelzen, schleichen, bummeln* usw. Die anderen müssen raten: *Bist du geschlichen oder hast du gebummelt?* Dabei werden nicht nur die Bedeutungsnuancen der Verben verdeutlicht, es kann auch die zuweilen schwer zu entscheidende Frage behandelt werden, wann das Perfekt mit *sein* gebildet wird und wann mit *haben*.

Das Zirkuslied

T und M: Dortmunder Studenten
Bearbeitung: M. Geck

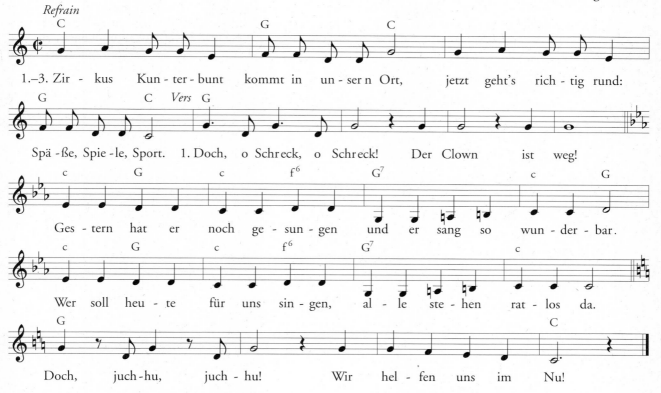

Refrain

1.–3. Zir - kus Kun - ter - bunt kommt in un - sern Ort, jetzt geht's rich - tig rund:

Spä - ße, Spie - le, Sport. 1. Doch, o Schreck, o Schreck! Der Clown ist weg!

Ges - tern hat er noch ge - sun - gen und er sang so wun - der - bar.

Wer soll heu - te für uns sin - gen, al - le ste - hen rat - los da.

Doch, juch - hu, juch - hu! Wir hel - fen uns im Nu!

2. Doch, o Schreck, o Schreck,
   das Pferd ist weg.
   Gestern ist es noch gelaufen
   und es lief so wunderbar.
   Wer wird heute für uns laufen?
   Alle stehen ratlos da.
   Doch juchu, juchu! Wir helfen uns im Nu.

   Refrain

3. Doch, o Schreck, o Schreck,
   der Jongleur ist weg.
   Gestern hat er noch geworfen
   und er warf so wunderbar.
   Wer soll heute für uns werfen?
   Alle stehen ratlos da.
   Doch juchu, juchu! Wir helfen uns im Nu.

   Refrain

Wer könnte noch plötzlich aus dem Zirkus weg sein? Dichtet eure eigenen Strophen.
Hier ein paar Hilfswörter:
der Tiger (schleichen, schlich, geschlichen)
der Messerwerfer (treffen, traf, getroffen)
das Orchester (klingen, klang, geklungen)

Einladung zur großen Zirkusschau

Wann? _____

Wo? _____

Wer macht mit?

1. Alle

    spielen die neuen Sänger, die singen.

2. _____

    spielt _____

3. _____

    spielt _____

4. _____

    _____

5. _____

    _____

6. _____

    _____

7. _____

    _____

8. _____

    _____

Zaubersprüche für die Zirkusschau

Schreiben, schrieb, geschrieben,

alles tüchtig durchgerieben,

steigen, stieg, _____,

gemischt mit toten Fliegen,

bleiben, _____, _____,

dazu Dreck gerieben,

treiben, _____, _____.

Das Ganze tüchtig dann erhitzen

und mit saub'ren Fingerspitzen

schlürfen dürfen!

Biegen, bog, gebogen,

Katzenhaare ausgezogen,

fliegen, _____, _____,

zwölf Zitronen ausgesogen,

sprechen, sprach, _____,

dazu dann alte Knochen,

stechen, _____, _____.

Auf kleiner Flamme kochen

und nach einer Viertelstund

bist du wieder kerngesund!

Die Sprüche enden nimmer mehr, hier sind noch welche, bitte sehr!

Trinken, trank, getrunken,

ein paar Feuerfunken,

stinken, _____, _____,

fünfzehn grüne Unken,

springen, _____, _____,

dazu wird laut gesungen,

klingen, _____, _____.

Hokuspokus, Riesenknall –

fertig ist der Feuerball!   (nach Susanne Haps)

Setze die passenden Verben in die Lücken ein.
Wenn du noch mehr Zaubersprüche brauchst, kannst du selber welche dichten.
Hier ein paar Verben:

reiben, rieb, gerieben / schweigen, schwieg, geschwiegen / scheinen, schien, geschienen /
erschrecken, erschrak, erschrocken / treffen, traf, getroffen / helfen, half, geholfen / wiegen, wog, gewogen /
ziehen, zog, gezogen / saugen, sog, gesogen / sinken, sank, gesunken …

Mini-Krimi

Zoff im Zoo

Anna und ihre Freunde <u>schlendern</u> durch den Tierpark. Plötzlich <u>hören</u> sie einen Schuss, es <u>fliegt</u> etwas durch die Luft und landet gegenüber vom Affenkäfig. Die Zoobesucher <u>laufen</u> herbei und <u>sehen</u> – eine Pistole! Woher <u>kommt</u> die fliegende Pistole? Hat jemand geschossen und dann die Pistole weggeworfen? Da sieht Anna, wie sich ein maskierter Mann hinter dem Gitter des Affenkäfigs wegschleicht, vorsichtig um die Hausecke <u>biegt</u> und im Gebüsch verschwindet.

Die Kinder wollen verhindern, dass der Unbekannte entkommt, und verfolgen ihn. Anna <u>kriecht</u> durch das Gebüsch, Murat <u>schleicht</u> zum Zooausgang um dem Mann den Weg abzuschneiden. Özlem <u>rennt</u> zur Telefonzelle und <u>ruft</u> die Polizei. Sie kommt mit Blaulicht angefahren, ergreift den Flüchtenden und <u>reißt</u> ihm die Mütze vom Kopf – es ist der Zoowärter vom Affenkäfig!

Aufgabe 1:
Sucht die unterstrichenen Verben aus dem Mini-Krimi heraus. Ordnet sie in eine Verbenliste ein, die ihr in euer Heft schreibt. Hier ist der Anfang:
1) schlendern, schlenderte, geschlendert
2) hören, hörte, gehört
3) fliegen, flog, ...
4) laufen, ...

Aufgabe 2:
Der Polizist bittet die Kinder:
Erzählt mir bitte ganz genau, was ihr gestern erlebt habt.

Wir schlenderten gestern …

Aufgabe 3:
Was berichtet der Zoowärter vom Affenkäfig?
Das dürft ihr euch selber ausdenken.
Hier ein paar Tips: Affenfütterung, Bananen vergessen, wütender Gorilla …

Kapitel 8

Wird die Treppe gespült?
Das Passiv

Didaktische Analyse

Bei einem Test zum Verständnis des Passivs in einer Berufs-schule stellte sich heraus, dass ein großer Teil der türkischen Kinder – fast alle in Deutschland geboren und aufgewach-sen – nicht in der Lage ist, den Bedeutungsunterschied zwischen den folgenden Satzpaaren zu erkennen:
Sie wird anrufen – Sie wird angerufen.
Du wirst sehen – Du wirst gesehen.
Wir werden fahren – Wir werden gefahren.

Wenn Kinder Aktiv (Futur) und Passiv (Präsens) nicht ein-deutig identifizieren können, so werden sie große Schwie-rigkeiten haben, schriftliche Texte, z. B. Lehrbuchtexte, zu verstehen. Häufige Klagen scheinbar gut Deutsch spre-chender Kinder in der Sekundarstufe I und II „Ich verstehe alle Wörter, aber ich verstehe den Text nicht" deuten darauf hin, dass die Ursachen vieler Sprach- und Schulprobleme im mangelnden Verständnis grammatischer Strukturen lie-gen: Wer ist Handlungsträger? Wer ist von der Handlung betroffen? Beim Aktiv steht derjenige im Vordergrund, der etwas tut, beim Passiv derjenige, der von einer Handlung betroffen ist:
Der Opa kocht die Suppe.
Die Suppe wird (vom Opa) gekocht.

Das Verständnis solcher Strukturen sollte deshalb schon möglichst früh, also in der Grundschulzeit, geübt werden, auch wenn das Passiv im Regelunterricht für deutschspra-chige Kinder noch nicht vorgesehen ist.
Das Passiv wird gebildet aus einer Form von werden + Par-tizip Perfekt (im Gegensatz zum Futur/Aktiv: werden + In-finitiv):
Der Brief wird geschrieben. (Präsens)
Der Brief wurde geschrieben. (Präteritum)
Der Brief ist geschrieben worden. (Perfekt)
Der Brief wird rechtzeitig geschrieben werden. (Futur I)
Der Brief wird bis zum Stichtag geschrieben worden sein. (Fu-tur II)

Die folgenden Unterrichtsmaterialien lenken die Aufmerk-samkeit der Kinder auf die verschiedenen Sichtweisen des Geschehens im Aktiv und Passiv: Aus dem Objekt des Aktivsatzes wird das Subjekt des Passivsatzes. Umformun-gen aus dem Aktiv ins Passiv trainieren vor allem das Ver-ständnis der grammatischen Strukturen. Vor der Behand-lung des Passivs sollten die Stammformen der starken Verben eingeführt worden sein (vgl. dazu Kap. 7).

Das Lied

Das Rumpelfax als gutmütiges Monster will beim Putzen helfen und macht dabei wieder alles verkehrt. Diese Kon-stellation bietet die Möglichkeit die Aktiv-Passiv-Um-wandlung einzuführen. Das Rumpelfax verkündet jeweils seine Bereitschaft zu putzen. Mit dem entsprechenden Pas-sivsatz wird das Rumpelfax korrigiert:

Aktiv	*Passiv*
Die Treppe will ich spülen.	*Die Treppe wird gefegt.*
Das Fenster will ich saugen.	*Das Fenster wird geputzt.*
Den Teppich will ich wischen.	*Der Teppich wird gesaugt.*
…	…

In der Liedeinspielung singt das Rumpelfax den Aktivsatz. Kinderstimmen übernehmen den Passivsatz, mit dem das Rumpelfax korrigiert wird. In einem zweiten Durchgang werden nur die Passivsätze des Rumpelfax gesungen; die Kinder aus der Klasse übernehmen dann den dazugehöri-gen Passivsatz mit dem passenden Verb.
Das Lied kann schon bei „Nullanfängern" eingesetzt wer-den, wenn man ein paar Putzutensilien mitbringt und de-monstriert, was das Rumpelfax alles verkehrt macht. Diese Putzutensilien können dann auch bei einer Aufführung ein-gesetzt werden: Ein Kind spielt das Rumpelfax und spricht die Aktivsätze. Eine einfache Verkleidung mit einem Um-hang aus einem alten Betttuch erleichtert die Übernahme der Rolle auch für Kinder mit geringen Sprachkenntnissen. Die übrigen Kinder singen im Chor die dazugehörigen Pas-sivsätze.

Die Arbeitsblätter

Arbeitsblatt 22 und **23** übertragen die Liedidee vom „Putz-tag" auf den „Kochtag". Dabei werden nicht nur Aktiv-Pas-siv-Umformungen geübt, sondern auch Verben systema-tisch eingeführt und den passenden Nomen zugeordnet. Mit Hilfe der Verben-Schiene können sich die Kinder für ihr Lied jeweils ein falsches Verb (Infinitiv) und ein richti-ges Verb (Partizip) aussuchen. Sie können sich natürlich auch andere Quatschsätze ausdenken, z. B. aus dem Schul-bereich: *Den Aufsatz will ich malen. – Der Aufsatz wird …*

Arbeitsblatt 24 kann als Zusatzaufgabe bearbeitet werden. Durch einfache Paarreime wird das Partizip Perfekt der pas-senden Verben geübt.

Teppiche werden gesaugt, Schätze werden geraubt.

Das Rumpelfax-Lied

T und M: M. Overmann
Bearbeitung: M. Geck

Refrain:

Das Rumpelfax hat Putztag, da tut es allerlei; und wenn es nicht mehr weiterweiß,
dann helfen wir dabei, und wenn es nicht mehr weiterweiß, dann helfen wir dabei.

2. Rumpelfax:
    Das Fenster will ich saugen,
    es ist ja so verschmutzt.
    Alle: O nein, o nein, o Rumpelfax halt ein!
    Das Fenster wird geputzt, geputzt,
    das Fenster wird geputzt!

    Refrain

3. Rumpelfax:
    Den Teppich will ich wischen,
    dann sieht er aus wie neu.
    Alle: O nein, o nein, o Rumpelfax halt ein!
    Der Teppich wird gesaugt, gesaugt,
    der Teppich wird gesaugt!

    Refrain

4. Rumpelfax:
    Den Boden will ich gießen,
    dann ist er wieder rein.
    Alle: O nein, o nein, o Rumpelfax halt ein!
    Der Boden wird gewischt, gewischt,
    der Boden wird gewischt!

    Refrain

5. Rumpelfax:
    Die Teller will ich fegen,
    damit sie sauber sind.
    Alle: O nein, o nein, o Rumpelfax halt ein!
    Die Teller werden gespült, gespült,
    die Teller werden gespült!

    Refrain

Das Rumpelfax hat Kochtag

1. Den Kuchen will ich kochen.

Oh nein, der Kuchen wird _____.

2. Den Brotteig will ich _____.

Oh nein, der Brotteig wird _____.

3. Die Äpfel will ich _____.

Oh nein, die Äpfel werden _____.

4. Die Suppe will ich _____.

Oh nein, die Suppe wird _____.

5. Die Milch will ich _____.

Oh nein, die Milch wird _____.

6. Die Wurst will ich _____.

Oh nein, die Wurst wird _____.

7. Das Mehl will ich _____.

Oh nein, das Mehl wird _____.

8. Das Brot will ich _____.

Oh nein, das Brot wird _____.

9. _____

_____

Setze ein. Du brauchst immer ein „richtiges" und ein „falsches" Verb.
Bastle dir mit Arbeitsblatt 23 eine Verben-Schiene.
Suche damit Verben und Verbformen aus.

Verben-Schiene

Klebe-
fläche

Hülle

Kuchen

Brotteig

Äpfel

Suppe   **Fenster**
                 (ausschneiden)
Milch

Wurst

Mehl

Brot

Verben-Blatt

Du brauchst noch:
Schere, Klebstoff, einen Stift.

So kannst du die Verben-Schiene basteln:
1. Schneide die Hülle,
   das Fenster und das Verben-Blatt aus.

2. Hülle: Knicke an den gestrichelten Linien.
   Klebe die schmale Lasche fest.
   Eine Hülle mit Fenster entsteht.

3. Verben-Blatt: Schreibe die Verben
   untereinander auf die Linien.
   *backen – gebacken – kneten – geknetet –
   pflücken – gepflückt – kochen – gekocht –
   braten – gebraten – trinken – getrunken –
   sieben – gesiebt – schneiden – geschnitten*

4. Schiebe das Verben-Blatt in die Hülle.
   Im Fenster erscheinen Verben-Paare,
   aus denen du Quatschsätze machen kannst
   oder auch „richtige" Sätze.

Ergänze die folgenden Reime

1. Teppiche werden gesaugt,

Schätze werden _____ .

2. Der Boden wird gewischt,

die Karten werden _____ .

3. Das Lied wird gesungen,

die Wäsche wird _____ .

4. Die Fenster werden geputzt,

das Wörterbuch wird _____ .

5. Das Fleisch wird gewogen,

der Zahn wird _____ .

6. Das Heu wird gefressen,

das Brot wird _____ .

7. Briefe werden geschrieben,

Fliegen werden _____ .

8. Die Küche wird gefegt,

das Buch wird auf den Tisch

_____ .

Setze ein:

gezogen – benutzt – gewrungen – gegessen – vertrieben – gemischt – geraubt – gelegt

Bilde eigene Reime mit den folgenden Verben:

gefunden – gebunden / gewonnen – begonnen / gebraten – geraten / gerieben – getrieben /

geschnitten – geritten

Diese Substantive / Nomen passen (du kannst natürlich auch eigene finden):

der Schatz – die Schleife – der Käse – die Kuh – die Kartoffeln – das Rätsel – das Spiel –

die Stunde – das Papier – das Pferd

Schreibe in dein Heft. Ein Beispiel:

Der Schatz wird gefunden, die Schleife wird _____ .

Kapitel 9

Trennbare Verben – Verbklammer

> Germans have another form of parentheses which they form by splitting one perfectly healthy verb in two. And they put one half at the beginning of an exciting chapter and the other half at the end of the chapter. A favourite one is the verb **reiste - ab**, which means **de - parted**.
>
> *Mark Twain: The awful German Language*

Didaktische Analyse

Bei der Beschäftigung mit trennbaren Verben sind zwei Regelkomplexe zu beachten. Im ersten Regelkomplex geht es um die Wortbildung: Welche Verbelemente werden in bestimmten Satzpositionen getrennt, welche nicht (*ich verteile*, aber: *ich teile aus*)? Im zweiten Regelkomplex geht es um die Satzlehre: Wann werden trennbare Verbteile im Satz getrennt und wann nicht (*ich teile die Hefte aus*, aber: *ich will die Hefte nicht austeilen* / … *bevor ich sie austeile* / *ich habe sie ausgeteilt* / … *um sie auszuteilen*).

Welche Vorsilben (Präfixe) sind trennbar, welche nicht?
1. Betonte Vorsilben werden in bestimmten Positionen getrennt: *áussprechen* / *ich spreche aus*, *náchdenken* / *er denkt nach*, *áuffallen* / *er fällt auf* ; unbetonte Vorsilben werden nicht getrennt: *unterláufen, der Fehler unterläuft mir*.
2. Betont und somit trennbar sind: *áb-, án-, áuf-, áus-, béi-, mít-, nách-, vór-, zu-* ; ferner: *éin-, empór-, fórt-, hín-, hér-, lós-, níeder-, wég-, wéiter-, wieder-* (*ábkürzen, ánschnallen, áufpassen, áushalten, béibringen, mítmachen, náchholen, vórstellen, hínfahren, wéggehen* u. a.).
3. Stets unbetont und deshalb untrennbar sind: *be-, ent-, er-, ver-, zer-* und die selteneren *ge-, miss-, dis-* (*beáchten, ernähren, verzéihen, entdécken, vergéssen, misslíngen* u. a.)
4. Verben mit betontem, trennbaren Verbteil und unbetontem, nicht trennbaren Verbteil haben in vielen Fällen zwei Bedeutungen:
übersetzen: Der Schiffer setzt die Leute über.
übersétzen: Der Roman ist noch nicht übersetzt.
úmstellen: Sie stellt die Möbel um.
umstéllen: Polizisten umstellen das Haus.
úmgehen: Wie geht man mit Verordnungen um?
umgéhen: Man umgeht sie!
5. Das erste Glied eines zusammengesetzten Verbs kann nicht nur eine Vorsilbe (meist eine Präposition) sein, sondern auch ein anderes Substantiv wie z. B. *Auto fahren* in der vierten Strophe vom „Lied von den Verboten". Es kann sich hierbei auch um ein anderes Verb oder um ein Adjektiv handeln wie bei *kénnen lernen, sítzen bleiben, spazíeren gehen, verlóren gehen, Hált machen, líeb haben, übel nehmen.*

Nach der Rechtschreibreform werden diese Verben getrennt geschrieben, auch wenn sie zusammenstehen.
Diese Verben werden genauso behandelt wie die Verben mit trennbaren Präpositionen: Sie *nimmt* etwas *übel, hat* jemanden *lieb.*
Häufig ist das erste Glied zwar betont, wird aber trotzdem nicht getrennt, so bei *frühstücken, hándhaben, kénnzeichnen, óhrfeigen, réchtfertigen, wétteifern.*

Wann werden trennbare Verbteile im Satz getrennt und wann nicht?
1. Beim finiten (gebeugten) Verb trennt sich die Vorsilbe vom Verb und tritt ans Satzende. Diese Trennung tritt jedoch nur dann ein, wenn das Verb an erster oder zweiter Stelle im Satz steht, also im Hauptsatz:
Sie reiste am nächsten Tag um 8:30 Uhr mit dem Zug ab.
Ich denke darüber nach.
Ich falle immer auf. / Falle ich immer auf?
2. Bei der Endstellung des finiten (gebeugten) Verbs im Nebensatz hingegen tritt die Trennung nicht ein:
Bevor ich ein Wort ausspreche, (Nebensatz)
denke ich gründlich darüber nach, (Hauptsatz)
damit ich nicht auffalle (Nebensatz)
als ein unkundiger Trottel,
der sich immer danebenbenimmt. (Nebensatz)
3. Ist beim trennbaren Verb der Infinitiv mit *zu* erforderlich, tritt das Element *zu* zwischen die Vorsilben und den Verbstamm; beim Partizip Perfekt tritt die Silbe *ge-* zwischen Vorsilbe und Verbstamm:
Die Lehrerin bat den Schüler das Wort auszusprechen.
Er hat das Wort richtig ausgesprochen.
Er bemühte sich, nicht aufzufallen.
Leider ist er trotzdem aufgefallen.

Die berühmt-berüchtigte deutsche Satzklammer
Es empfiehlt sich, zusammen mit den trennbaren Verben die Stellung des Verbkomplexes im deutschen Satz – insbesondere die Satzklammer – zu üben. Bei der Frage „Wo steht das Verb im deutschen Satz?" muss zum einen unterschieden werden zwischen finitem (gebeugtem) und infinitem Verbkomplex (Infinitiv, Partizip, Verbzusätze, wie z. B. trennbare Verbteile), zum anderen zwischen der Stellung der Verbkomplexe im Hauptsatz und im Nebensatz.

1. Die Verbkomplexe im Hauptsatz:
Das finite Verb steht an der zweiten Stelle – in der Frage und beim Imperativ an erster Stelle –, der infinite Verbteil (Infinitiv, Partizip oder Vorsilbe bei trennbaren Verben) steht am Satzende:
Wir *laden* die Kinder zum Geburtstag *ein.*
Zum Geburtstag *laden* wir die Kinder *ein.*
Die Kinder *laden* wir zum Geburtstag *ein.*

Wen *willst* du zum Geburtstag *einladen?*
Wen *hast* du zum Geburtstag *eingeladen?*
Ich *werde* sicher zum Geburtstag *eingeladen.*
Hast du mich zum Geburtstag *eingeladen?*
Lade mich bitte zu deinem Geburtstag *ein.*

2. Die Verbkomplexe im Nebensatz:
Das finite Verb steht am Satzende, unmittelbar davor die infiniten Verbteile:
Ob ich dich *einlade,* weiß ich noch nicht.
Wenn ich dich *eingeladen habe,* musst du auch kommen.
Ich würde mich sehr freuen, wenn du mich *einlädst.*
In den folgenden Unterrichtsmaterialien versuchen wir die Formenlehre und die Satzlehre miteinander zu verbinden. Auf keinen Fall sollten die hier skizzierten Regeln explizit vermittelt werden. Die Übungen sind so angelegt, dass die Schüler die Regeln durch den handelnden Umgang mit den angebotenen Texten und Übungen implizit erwerben. Durch Unterstreichungen können sie sich bewusst machen, wo die Verbteile in verschiedenen Satztypen stehen. Indem sie selbst Beispiele bilden, prägen sie sich die Satzmuster bei trennbaren und nichttrennbaren Verben ein.

Das Lied

Das Lied dient als Einführung und soll den Kindern die Trennbarkeit von Verben bewusst machen: In der ersten Liedzeile wird jeweils ein trennbares Verb im Infinitiv eingeführt, das dann in der zweiten Zeile konjugiert und damit getrennt wird. In der letzten Zeile ist das finite Verb ein Modalverb *(dürfen),* das trennbare Verb steht im Infinitiv zusammen. Nach diesem Muster lassen sich weitere Strophen produzieren. Besonders geeignet sind Berufsbezeichnungen mit den dazugehörigen Tätigkeiten (vgl. AB 25).

Die Arbeitsblätter

In **Arbeitsblatt 25** werden Vorschläge für eigene Liedstrophen angeboten. In dem Gedicht „Petra" wird zu dem trennbaren Verb *anfreunden* ein entsprechendes Gegenverb *abfreunden* erfunden. Der Text kann durch die Variation der Personen erarbeitet werden. Außerdem kann die Liste der An- und Abfreundungsprozesse durch individuelle Erfahrungen erweitert werden: *Was machst du, wenn du dich an- und abfreundest?* Durch diesen operationalen Umgang mit den Textstrukturen kommen die inhaltlichen Aspekte des Textes von selbst zur Sprache: *Wie verhalte ich mich zu meinen Freundinnen und Freunden?*

Mit **Arbeitsblatt 26** wird die Verbtrennung im Haupt- und Nebensatz bei vergleichbaren Verben (Gegensatzpaaren) geübt, zunächst im Präsens, dann im Perfekt. Dabei ist eine Ausnahme eingebaut: *frühstücken* ist kein trennbares Verb (Rumpelfax *frühstückt* natürlich und *stückt* nicht *früh.).*
Nach dem Muster von Rumpelfax und Rumpelfix können weitere Texte produziert werden, z. B.
Rumpelfax in der Schule:

Wenn die Kinder sich hinsetzen, steht Rumpelfax auf.
Kaum haben die Schüler das Buch aufgeschlagen, macht Rumpelfax es zu.
Immer wenn sie die Schultasche auspacken, packt Rumpelfax sie ein.
Oder
Meine Freundin und ich:
Wenn Eylim ein rotes Kleid anzieht, ziehe ich …

Arbeitsblatt 27 ist die Vorlage zu einem Dominospiel: Die Vorlage wird auf eine Pappe geklebt, dann können die Dominosteine ausgeschnitten werden. Beim Anlegen entstehen Verben mit trennbaren und nichttrennbaren Vorsilben: verteilen, aufteilen, erteilen, ausziehen usw. Für das Anlegen können Spielregeln verabredet werden, die gewährleisten, dass die Spieler die neu entstehenden Wörter auch verstehen und richtig verwenden können. Beispielsätze können nach den folgenden Mustern gebildet werden:
a) Das neue Verb ist das finite Verb im Hauptsatz; Satzmuster: *Ich verteile die Bonbons, ich teile sie auf.*
b) Das neue Verb steht im Infinitiv; Satzmuster: *Ich will / darf / muss die Bonbons verteilen, aufteilen.*
c) Das neue Verb erfordert den Infinitiv mit zu; Satzmuster: *Ich beabsichtige die Bonbons zu verteilen / aufzuteilen.*
d) Das neue Verb steht im Perfekt oder im Passiv; Satzmuster: *Ich habe die Bonbons verteilt / aufgeteilt. Die Bonbons werden verteilt / aufgeteilt.*
e) Das neue Verb steht im Nebensatz; Satzmuster:
Wenn ich alle Bonbons verteile / aufteile, habe ich selbst keins mehr.

Als **Zusatzaufgabe** ein einfaches, spannendes Sprachspiel, das das Gefühl der Kinder für die Satzklammer stärkt: Wer schafft den längsten Satz? Der längste Satz wird prämiert, allerdings nur dann, wenn er noch verständlich ist. Ein Beispiel:

Linda lädt alle Kinder aus der Klasse,
    die Lust haben zu ihrem Geburtstag zu kommen,
    weil sie 10 Jahre alt wird
    und weil deshalb besonders toll gefeiert wird,
    am Sonntag, den 15. Mai, um 16 Uhr
    nach Bremen in die Möllerstr. 45   *ein.*

Ein solcher Satz kann beispielhaft an der Tafel erarbeitet werden. Als Hilfe für die Kinder sollten die wesentlichen Fragen, die zu den einzelnen Satzelementen führen, angeschrieben werden (wen, wozu, wann, wohin, warum).

Das Lied von den Verboten

T und M: Dortmunder Studenten
Bearbeitung: M. Geck

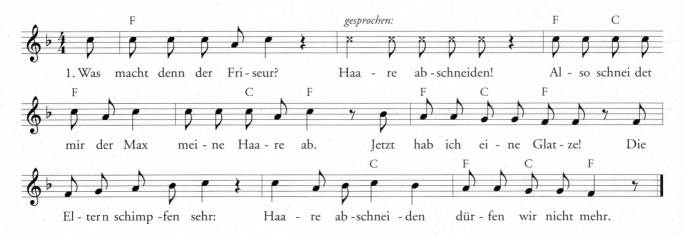

1. Was macht denn der Friseur? Haa - re ab-schneiden! Al - so schnei det mir der Max mei - ne Haa - re ab. Jetzt hab ich ei - ne Glat - ze! Die El - tern schimp -fen sehr: Haa - re ab-schnei - den dür - fen wir nicht mehr.

2. Was macht denn der Maler? Wände anmalen!
Also malen wir die Wand mit bunten Farben an.
Jetzt ist sie pink und blau.
Die Eltern schimpfen sehr:
Wände anmalen dürfen wir nicht mehr!

3. Was macht denn der Zahnarzt? Zähne ausziehen!
Also zieh ich mit der Zange Max den Zahn heraus.
Jetzt hat er eine Lücke.
Die Eltern schimpfen sehr:
Zähne ausziehen dürfen wir nicht mehr!

4. Was machen denn die Großen? Auto fahren!
Also fahren wir mit Mamas gelbem Auto vor den Baum.
Jetzt ist es leider Schrott.
Die Eltern schimpfen sehr:
Auto fahren dürfen wir nicht mehr.

Eigene Liedstrophen

1. Was macht denn nur der Bäcker? Teig ausrollen!

   Also _____ wir den Kuchenteig gleich _____ .

   Jetzt ist er völlig platt!

   Die Bäcker schimpfen sehr: _____

   _____ !

2. Was macht denn bloß der Lehrer? Noten aufschreiben!

   Also _____ wir dem Lehrer unsre Noten _____ .

   Jetzt sind sie völlig falsch!

   Die Lehrer schimpfen sehr: _____

   _____ !

3. Was tut denn die Marie? Bücher ausleihen!

   Also _____ ich mir von Marie einen Krimi _____ .

   Das Buch ist jetzt weg!

   Die Marie ärgert sich sehr: _____ will die Marie nicht mehr.

Freundinnen und Freunde

Petra

Das macht Petra, wenn sie sich
mit Steffen *an-freundet:*
Sie *lächelt* ihn *an.*
Sie legt ihren Arm um Steffen.
Sie hält Steffen an der Hand.
Sie *macht* Steffen den Ranzen *zu.*
Sie setzt sich ganz nah zu Steffen.

Das macht Petra, wenn sie sich
von Steffen *ab-freundet:*
Sie *dreht* Steffen den Rücken *zu.*
Sie *guckt* Steffen bös *an.*
Sie *streckt* Steffen *die Zunge raus.*
Sie *lacht* Steffen *aus.*

Marianne Kreft

Was machst du, wenn du dich an- und abfreundest? Wenn du es so machst wie Petra, dann brauchst du das Gedicht nur in der Ich-Form abzuschreiben und einen Namen für deinen Freund oder deine Freundin einzusetzen:

Das mache ich, wenn ich mich mit … anfreunde: Ich …

Du kannst das Gedicht natürlich auch umändern oder weiterschreiben, wenn du dich anders an- oder abfreundest. Hier ein paar Wortvorschläge:
<u>anfreunden:</u> einladen – abschreiben lassen – ausgehen – zuhören
<u>abfreunden:</u> weglaufen – anschweigen – ausladen – abweisen – vergessen

Rumpelfax und Rumpelfix

Rumpelfax, das liebe Monster, macht immer alles verkehrt. Es spült die Treppe und saugt das Fenster oder gießt den Boden.

Rumpelfix ist die Freundin von Rumpelfax. Wenn sie ihn ärgern will, macht sie immer das Gegenteil von dem, was Rumpelfax gerade tut.

aufwachen / einschlafen

Wenn Rumpelfax aufwacht, schläft Rumpelfix ein.

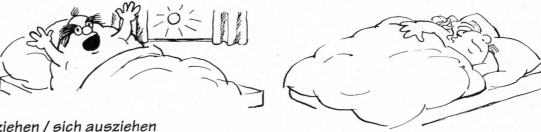

1. **sich anziehen / sich ausziehen**

   Wenn _____

   _____

2. **in die Schule gehen / zu Hause bleiben**

   Wenn _____

   _____

3. **zu Mittag essen (isst) / frühstücken**

   Wenn _____

   _____

4. **das Zimmer aufräumen / alles wieder durcheinander bringen**

   Wenn _____

   _____

5. **den Fernseher anstellen / den Fernseher abstellen**

   Kaum hat Rumpelfax den Fernseher angestellt, stellt Rumpelfix _____

6. **die Schulsachen einpacken / die Schulsachen auspacken**

   Kaum _____

7. **die Tür aufmachen / die Tür zumachen**

   Kaum _____

   _____

8. **das Licht ausmachen / das Licht wieder anknipsen**

   Kaum _____

   _____

Wörterdomino

trinken / zer-	kommen / dar-	sehen / ab-
gehen / an-	hören / weg-	sagen / ein-
stehen / weg-	stellen / bei-	bauen / ein-
stören / aus-	führen / mit-	teilen / her-
bringen / ent-	decken / hin-	legen / auf-
packen / her-	laden / los-	tragen / an-
warten / vor-	sprechen / über-	schlafen / nach-
arbeiten / ent-	wachen / zu-	laufen / wieder-
holen / ver-	nehmen / er-	rufen / fort-
fahren / ein-	setzen / weiter-	holen / be-
schreiben / ver-	ziehen / mit-	essen / er-

Kapitel 10

Verben mit Dativ- und Akkusativ-Ergänzung
Wer leiht wem den Kuli?

Didaktische Analyse

Es geht in dieser Unterrichtssequenz um den Zusammenhang von Verbkomplex und Nominalgruppe. In welchem Kasus ein Nomen oder eine Nominalgruppe steht, hängt meist vom Verb ab (zur Abhängigkeit von Präpositionen vgl. Kap. 3). In den Kapiteln 4 bis 6 ging es in erster Linie um die Form der Nomen in den verschiedenen Fällen. Im folgenden Kapitel geht es um die Funktion der Fälle im Satz. Es gibt Verben,

– die eine Dativ-Ergänzung erfordern:
  Ich helfe / antworte / schreibe / sage dir (wem, dem Kind)
– die eine Akkusativ-Ergänzung erfordern:
  sie liebt / hasst / versorgt / achtet / verteidigt mich (wen, das Kind)
– die eine Akkusativ- und Dativ-Ergänzung erfordern:
  Er bringt / holt / gibt / sagt / verheimlicht ihr (dem Kind) etwas (eine Sache)

Wir konzentrieren uns im Folgenden auf die Verbgruppe mit Dativ- und Akkusativ-Ergänzung, weil es bei diesen Verben die meisten Probleme gibt, z. B. bei der Frage: „Wo steht die Dativ-Ergänzung, wo steht die Akkusativ-Ergänzung?"

Die Lehrerin erklärt dem Schüler einen Satz.

Die Lehrerin erklärt ihm   den Satz.

Die Lehrerin erklärt ihn   dem Schüler.

Die Lehrerin erklärt ihn   ihm.

Wem erklärt sie   ihn (den Satz)?

Dativ- und Akkusativ-Ergänzungen können durch verschiedene Elemente besetzt werden:
– durch ein Nomen / eine Nominalgruppe:
  Wer bindet dem Kind die Schleife?
– durch ein Personalpronomen:
  Wer bindet mir / dir / ihr / uns die Schleife?
  Wer bindet sie mir?
– durch ein Fragepronomen:
  Wem bindet sie die Schleife?

Es gibt noch eine Reihe von anderen Möglichkeiten (*einem, keinem, vielen* usw. / *dem, der* + Relativsatz), die wir hier nicht berücksichtigen.

Die folgenden Übungen zielen darauf ab den Erwerb solcher Satzmuster mit doppelten Ergänzungen zu unterstützen. Es geht nicht darum, wie im muttersprachlichen Grammatikunterricht üblich, dass die Kinder Dativ- und Akkusativ-Ergänzungen identifizieren und benennen können; das lernen sie mit diesen Übungen eher nebenbei. Im muttersprachlichen Grammatikunterricht werden Satzglieder häufig durch Fragen ermittelt: Wer oder was? (Subjekt) / Wen oder was? (Akkusativ-Ergänzung) / Wem? (Dativ-Ergänzung). Diese Fragen setzen die Kenntnis dessen voraus, was durch die Fragen erkannt werden soll. Deshalb sind sie insbesondere für Kinder mit Deutsch als Zweitsprache nicht sinnvoll. Um eine Frage mit *Wem* oder *Wen* stellen zu können, müssen sie bereits wissen, ob das Verb den Dativ oder Akkusativ erfordert. Zweifellos haben Fragepronomen eine wichtige Signalfunktion beim Erwerb des Kasussystems. Aber sie müssen – wie in dem folgenden Lied – im Rahmen dieses Systems erworben werden.

Das Lied

„Das Lied vom Wer und Wem" enthält zahlreiche Verben mit Dativ- und Akkusativ-Ergänzungen. Die Besetzung der Dativ-Ergänzung mit einem Pronomen, einem Fragepronomen und einer Nominalgruppe wird systematisch durchgespielt:

Wer bindet <u>mir</u> die Schleife?
Wer holt <u>mir</u> frische Seife?
Wer kauft <u>mir</u> eine Mütze?
Wer macht <u>mir</u> rote Grütze?

Nach dem Einwand der Mutter, Jenny solle nicht immer mit *Wer* fragen, wird die Dativ-Ergänzung konsequent durch das Fragepronomen *Wem* besetzt, und die *Wem*-Fragen werden dann mit der entsprechenden Nominalgruppe beantwortet:

Wem streichle ich die Härchen?
Gewiss dem Balthasar!
Wem schenk ich Gummibärchen?
Dem neuen Herrn Vikar!

Die Pointe des Liedes besteht darin, dass der Wechsel vom *Wer* zum *Wem* von der Mutter ganz gezielt herbeigeführt wird. Dadurch wird aus Jenny, die stets von anderen etwas erwartet (Wer tut <u>mir</u> etwas Gutes, wer bindet <u>mir</u> die Schleife), eine Jenny, die <u>anderen</u> (Dativ) etwas Gutes tut: *Ich leih <u>dem kleinen Uli</u> meinen Kuli!* usw.

Die Arbeitsblätter

Auf **Arbeitsblatt 28** werden die im Lied vorkommenden Satzmodelle von der 1. in die 2. Person gesetzt und die Kinder können sie aus ihrer Sicht beanworten. Bei der Antwort kann die Akkusativ-Ergänzung durch ein Pronomen ersetzt werden. Dabei wird die Umstellung der Dativ- und Akkusativ-Ergänzung geübt:

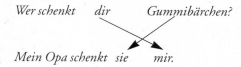

Wer schenkt   dir   Gummibärchen?

Mein Opa schenkt   sie   mir.

Arbeitsblatt 29 greift die Wem-Fragen aus dem zweiten Liedteil auf und setzt sie ebenfalls in die 2. Person. Auch bei dieser Übung können die Ergänzungen im Dativ und Akkusativ durch ein Pronomen *(ihr, ihm, sie, ihm, ihn, es)* ersetzt werden. Damit die Übung nicht zu schematisch wird, sieht die Antwort eine positive und eine negative Möglichkeit vor.

Arbeitsblatt 30 ist die Vorlage zu einem Satzpuzzle, mit dem das eingeführte Satzmodell spielerisch geübt und variiert werden kann. Es empfiehlt sich, vor dem Ausschneiden die vier Kolumnen (Subjekt – Verb – Dativ-Ergänzung – Akkusativ-Ergänzung) mit verschiedenen Farben zu kennzeichnen. Die „Zusatzwörter" sollten weiß bleiben und in einer getrennten Schachtel aufbewahrt werden. Sie fungieren im Spiel als Joker. Die farbliche Kennzeichnung erleichtert das Auffinden der passenden Wörter. Außerdem wird den Kindern im Verlauf des Spiels dadurch klar, dass die Dativ-Ergänzung auch am Satzanfang stehen kann. Das Subjekt rückt dann an die 3. Stelle. Auch das Verb kann am Satzanfang stehen, das ergibt dann eine Frage. Zunächst sollte nur mit den bunten Kärtchen gespielt werden. Ziel des Spiels ist es, dass alle Kärtchen gelegt werden und dass dabei grammatisch richtige und einigermaßen sinnvolle Sätze entstehen. Wenn mit den bunten Kärtchen kein Satz mehr möglich ist, darf man die weißen Karten als Joker einsetzen. Mit dem Puzzle kann man allein spielen und das Ergebnis mit dem Nachbarn vergleichen oder in der Klasse vorlesen und anschließend ins Heft übertragen. In Vierergruppen macht es vermutlich noch mehr Spaß; die Schüler legen nacheinander vier Kärtchen, die zusammen einen Satz ergeben:
Das Kind / schenkt / dem Opa / einen Ring.
(Hierbei muss natürlich noch auf die Regel verwiesen werden, dass Satzanfänge großgeschrieben werden …)

Der erste Kartenleger hat es natürlich am leichtesten, weil noch alle Möglichkeiten offen sind. Deshalb sollte die Reihenfolge bei jeder Satzrunde wechseln. Gewitzte Schüler werden schnell herausfinden, dass man als erste Karte auch die Dativ- oder Akkusativ-Ergänzung legen kann. Das schränkt dann die Zahl der möglichen Verben ein. Erst wenn durch das Anlegen der bunten Karten kein sinnvoller Satz mehr entsteht, sollten die weißen Wortkarten hinzugenommen werden. Wenn z. B. die Wortkarten *dem Opa* und *einen Ring* schon vergeben sind, helfen die Joker:
Das Kind / schenkt / ihn / ihm.
Die weißen Karten enthalten die Fragepronomen *wer* und *wem* sowie Personalpronomen, die als Subjekt, Dativ-Ergänzung und als Akkusativ-Ergänzung eingesetzt werden können; da ihre Bedeutung nicht festliegt, sind sie auch zusammen mit schwierigen Verben wie z.B. *verheimlichen* zu kombinieren *(Wem verheimlicht sie es?)*.
Fortgeschrittene Spieler werden bald merken, dass es bei den Feminina und den Neutra keinen Unterschied zwischen Nominativ und Akkusativ gibt; sie sind als Subjekt und Objekt einsetzbar. Bei den Maskulina im Akkusativ – sowohl den Nomen als auch den Pronomen – muss man darauf bedacht sein, sie so schnell wie möglich unterzubringen. Die Kinder werden beim Spiel schon selbst herausfinden, wie sie taktieren müssen, damit sie ihre Karten so schnell wie möglich loswerden. Gewinner ist, wer zuerst alle bunten Karten gelegt hat.

Die Idee des Satzpuzzles kann natürlich auch auf andere Satzbaupläne übertragen werden. Nach dem Muster des Arbeitsblattes 30 basteln sich die Kinder ihr eigenes Puzzle, indem sie zu einem vorgegebenen Satzmodell sechs Kernsätze bilden und durch Substitutionen mit Pronomen Zusatzwörter finden. Hier ein Vorschlag:

Die Lehrerin legt das Buch auf den Tisch.
Sabine schreibt den Text in das Heft.
Er bringt die Vase in den Keller.
Der Architekt baut das Haus auf die Wiese.

Das Lied vom Wer und Wem

T und M: M. Geck

1. In ei - nem klei - nen Städt-chen wohn - te einst Jen - ni - fer,
und die - ses net - te Mäd - chen, es frag - te im - mer: Wer?

2. „Wer bindet mir die Schleife,
wer füttert Balthasar,
wer holt mir frische Seife
und wäscht mein langes Haar?"

3. „Wer kauft mir eine Mütze,
wer hält mich auf dem Rad,
wer macht mir rote Grütze
und Selleriesalat?"

4. An einem schönen Morgen
kam Jennys Mutter her:
„Mein Kind, ich mach mir Sorgen:
Du fragst nur immer: Wer?"

5. „Anstatt nur *Wer* zu fragen,
frag einfach einmal *Wem*,
das ist doch leicht zu sagen,
das ist doch kein Problem!"

6. Da musste Jenny lachen:
„Du weißt, dass ich das kann:
Ich will dir Freude machen!
Ich fange gleich mal an."

7. „Wem helf ich Grütze machen?
Ich glaube, der Mama!
Wem trag ich seine Sachen?
Vielleicht dem Großpapa!"

8. „Wem streichle ich die Härchen?
Gewiss dem Balthasar!
Wem schenk ich Gummibärchen?
Dem neuen Herrn Vikar*!"

9. „Bei wem kauf ich die Mütze,
die gelbe Karos hat?
Mit wem teil ich die Grütze,
der auch noch Hunger hat?"

10. „Wem leih ich meinen Kuli,
wem helf ich auf das Rad?
Bestimmt dem kleinen Uli,
wenn er es nötig hat!"

11. Wer hat dies Lied gesungen?
Das war ein Orgelmann.
Wem hat es schön geklungen?
Der fang von vorne an.

* Pfarrer sind vor ihrer Ernennung Vikare.

Wem und wen – Wer schenkt dir Gummibärchen?

Antworte auf die Fragen nach dem Muster:

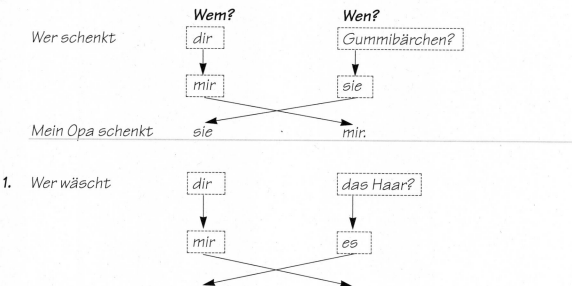

	Wem?	**Wen?**
Wer schenkt	dir	Gummibärchen?
	mir	sie
Mein Opa schenkt	sie	mir.

1. Wer wäscht   dir   das Haar?

mir   es

Meine Mutter

2. Wer holt   dir   das Buch?

Ich hole

3. Wer kauft   dir   das Stirnband?

4. Wer kauft   dir   eine Cassette?

5. Wer schreibt   dir   einen Brief?

6. Wer erzählt   euch   die Geschichte?

uns

7. Wer macht   euch   rote Grütze?

8. Wer macht   euch   eine Freude?

9. Wer backt   euch   einen Kuchen?

Wem leihst du ... ?

Wem leihst du den Kuli? Und wem nicht? Antworte nach dem Muster:

Wem?		**Wen?**	**Wem nicht?**
Wem	leihst du	den Kuli?	
Linda	leihe ich	den Kuli ,	Fabian nicht.
↓		↓	↓
Ihr	leihe ich	den Kuli (ihn) ,	ihm nicht.

1. Wem kaufst du die Kappe, die gelbe Karos hat?

   Meinem Bruder kaufe ich die Kappe, meiner Schwester nicht.

   Ihm _____ die Kappe (sie), ihr _____ .

2. Wem hilfst du auf das Rad?

   _____

   _____

3. Wem trägst du seine Sachen?

   _____

   _____

4. Wem hilfst du rote Grütze zu machen?

   _____

   _____

5. Wem zeigst du deine Sammelbilder?

   _____

   _____

6. Wem erzählst du die Geschichte?

   _____

   _____

7. Wem gibst du den Bleistift?

   _____

   _____

Satzpuzzle zum Ausschneiden

der Clown	verheimlicht	der Schülerin	seinen Namen
das Kind	holt	der Oma	die Schuhe
die Mutter	erklärt	dem Opa	die Antwort
der Vater	bringt	der Tochter	das Frühstück
die Tante	leiht	dem Freund	den Kuli
die Frau	schenkt	dem Mann	einen Ring
der Lehrer	sagt	dem Schüler	die Antwort
das Mädchen	beantwortet	der Freundin	die Frage
der Opa	erzählt	dem Kind	eine Geschichte
die Fahrerin	zeigt	der Polizistin	den Unfall

Zusatzwörter

gibt	nimmt	raubt	kauft
wer	er	sie	Zarife
wem	ihm	ihr	uns
wen	ihn	sie	euch

Quellen

Arbeitsblatt 16 / Irmela Brender: Wir. In: J. Fuhrmann (Hg.): Gedichte für Anfänger. Reinbek: Rowohlt Taschenbuchverlag 1982

Arbeitsblatt 25 / Marianne Kreft: Petra. In: Hans-Joachim Gelberg (Hg.): Überall und neben Dir. Gedichte für Kinder. Weinheim und Basel: Beltz Verlag 1986, Programm Beltz & Gelberg, S. 24

Seite 17 / Hans Manz: Aus dem Verhalten der Tiere. In: Hans Manz. Die Welt der Wörter. Sprachbuch für Kinder und Neugierige. Weinheim und Basel: Beltz Verlag 1991, Programm Beltz & Gelberg, S. 156

Seite 44 / Die Bärenjagd. Aus: Michael Rosen und Helen Oxenbury: Wir gehen auf Bärenjagd. Aarau, Salzburg: Sauerländer 1988

Seite 50 / Rosemarie Künzler-Behnke: Gehen – laufen – springen. In: Hans-Joachim Gelberg (Hrsg.): Überall und neben Dir. Gedichte für Kinder. Weinheim und Basel: Beltz Verlag 1986, Programm Beltz & Gelberg, S. 112

Die folgenden Dortmunder Studentinnen waren an der Entwicklung von Arbeitsblättern beteiligt:

Arbeitsblatt 4 / Susanne Holm: Die Suppenklara

Arbeitsblatt 9 / Katrin Böttcher: Der Käsedieb

Arbeitsblatt 18 / Bettina Legeler: Zum Mitmachen und Lernen, Adjektivgedicht

Arbeitsblatt 20 / Susanne Haps: Zaubersprüche

Rumpelfax
Singen – Spielen – Üben im Grammatikunterricht für deutsche und ausländische Kinder

von Gerlind Belke und Martin Geck

Redaktion: Susanne Dahlbüdding
Grafik: Gabriele Heinisch
Gestaltung und technische Umsetzung: Manuela Mantey-Frempong
Umschlaggestaltung: Knut Waisznor

Zu dieser Handreichung gehört ein Tonträger
mit allen 12 Liedern und 3 Playback-Versionen zum Mitsingen.
Lieder-Cassette   Best.-Nr. 30008
Lieder-CD   Best.-Nr. 30016

1. Auflage   Druck 4 3 2 1   Jahr 99 98 97 96

© 1996 Cornelsen Verlag, Berlin
Das Werk und seine Teile sind urheberrechtlich geschützt.
Jede Verwertung in anderen als den gesetzlich zugelassenen Fällen
bedarf deshalb der vorherigen schriftlichen Einwilligung des Verlages.
Die Kopiervorlagen dürfen für den eigenen Unterrichtsgebrauch
in der jeweils benötigten Anzahl vervielfältigt werden.

Druck: Kamp, Bochum

ISBN 3-464-03002-4

Bestellnummer 30024

gedruckt auf Recyclingpapier, hergestellt aus 100% Altpapier